Yingji Kepu Lilun Yu Shijian

China University of Mining and Technology Press

应急科普

理论与实践

——应急科学与工程知识体系视角

钱洪伟 著

中国矿业大学出版社

·徐州·

图书在版编目(CIP)数据

应急科普理论与实践：应急科学与工程知识体系视角/钱洪伟著. —徐州：中国矿业大学出版社，2019.8

ISBN 978-7-5646-4543-4

Ⅰ.①应… Ⅱ.①钱… Ⅲ.①突发事件—公共管理—研究 Ⅳ.①D035.34

中国版本图书馆CIP数据核字(2019)第177926号

书　　名　应急科普理论与实践
——应急科学与工程知识体系视角

著　　者　钱洪伟

责任编辑　姜　翠

出版发行　中国矿业大学出版社有限责任公司
(江苏省徐州市解放南路　邮编 221008)

营销热线　(0516)83884103　83885105

出版服务　(0516)83995789　83884920

网　　址　http://www.cumtp.com　**E-mail**:cumtpvip@cumtp.com

印　　刷　广东虎彩云印刷有限公司

开　　本　700 mm×1000 mm　1/16　**印张** 10.5　**字数** 206 千字

版次印次　2019年8月第1版　2019年8月第1次印刷

定　　价　58.00元

前言

PREFACE

目前国内对应急管理知识的认识局限于对国外应急管理知识的翻译引介层面，缺乏对应急管理背后强大的应急科技体系支撑力量的深入理解和系统挖掘。基于此，本书认为，传统行业应急是我国应急工作的第一发展阶段；国外应急管理知识的翻译介绍是我国应急工作的第二发展阶段；应急科学与工程知识体系的深入探索是我国应急工作的第三发展阶段；应急产业市场的形成、应急产业体系化的成熟是我国应急工作的第四发展阶段。应急科学与工程知识体系包括应急科学、应急技术、应急工程、应急产业及应急管理等分支，是对应急管理工作认识的提升。应急科普工作目前基于应急科学与工程知识体系视角处于方兴未艾的状态，许多工作急需深入拓宽、探索。

据此，本书基于应急科学与工程知识体系的框架，提出应急科普体系囊括的内容，即应急科学基础研究、应急科普知识传播及应急科普参与社会治理等，并对相关内容进行系统阐释。

第一部分介绍了开展应急科普工作的现实背景，对中国应急科学教育事业发展面临的挑战及前景进行了论述和展望，指出应急科学与工程知识体系催生应急科普教育新发展的现实命题。本部分阐明了本书的研究框架、研究内容及创新点等。

第二部分阐述了应急科学与工程知识体系发展的几个阶段：从最

初 STS(Science、Technology and Society，科学、技术与社会)教育理念下应急管理学科知识体系架构，到应急科学与工程学科知识体系探索，再到提出从科学应急到应急科学的时代追问。

第三部分指出只有在应急科学基础研究的基础上，应急科普知识传播出去并得到普及和推广，才是应急科普的落地终端。本部分从我国中小学灾难求生科普传播策略、我国高校应急科普内容设置与推广策略、应急科学与工程原理下应急场馆功能训练模块设计、校园突发事件避难逃生及自救知识技能体系框架设计、小学生遇险求生场景脚本设计原理、双盲应急演练(演练和演习的概念目前难以明确区分，本书对二者不做区分，统一表述为演练)模式架构设计、灾难求生科普沉浸式教育方法等方面对应急科普知识传播中的传播主体与客体、媒介载体、工具方法等进行了系统研究。

第四部分论述了应急科普参与社会治理有助于公众应急意识、应急能力的整体提升，也有助于社会和谐发展。本部分对应急科普在社会治理体系中所扮演的角色从应急文化体系建设、公共场所应急科普教育体系设计、校园应急科普实践案例等几个方面进行了系统论述。

开展应急科普研究对于防止、减缓灾害损失具有重要意义，也给国家和地方各级政府的应急管理工作带来了新的挑战。应急科普工作是应急能力建设的基础，为应急管理工作健康运行提供了基础层面的有力支撑，同时也为社会公众提供了重要的应急科学知识保障。此外，应急科普产业作为应急文化产业布局的一隅，在国内外正方兴未艾，故开展应急科普产业的相关研究具有示范性作用。

本书是教育部人文社科基金项目“地震应急避难场所灾时高效运营的瓶颈、影响及其消减策略”(14YJCZH115)的后续研究成果。本书的出版得到了河南理工大学安全与应急管理研究中心、河南理工大学公共管理重点学科的经费资助。撰写此书，参考了国内外诸多文献资料，感谢这些文献资料的著者，在此恕不一一列举。感谢课题组团队成员黄宇茜、赵成勇、于目冉、杨洁、姚帅帅、郭晶、张扬、张亚磊、陈梦月、张颖、陈海嫚、关宁雅等人的并肩作战和辛勤付出。此外，应急科普工作是应急管理事业的重要组成部分，笔者开展应急科普工作得到了应急管理部宣教中心、工信部全国应急产业联盟、中国科协科普部、中国指挥与控制学会科普部、中国指挥与控制学会安全防护与应急管理专委会及笔者所在单位等专家同行及诸位领导的鼓励、支持和厚爱。由于笔者认识上的局限性、时间紧张等问题，本书存在诸多不足，恳请不同领域的专家学者不吝赐教。

钱洪伟

2019 年 1 月

目录

CONTENTS

前言 …… 1

第1章　绪论 …… 1

1.1　开展应急科普工作的现实背景 …… 2

1.2　应急科学教育事业发展面临的挑战及前景展望 …… 3

1.3　研究框架 …… 7

1.4　创新点 …… 8

1.5　本章小结 …… 8

第2章　应急科学与工程知识体系演变 …… 11

2.1　应急管理学科知识体系初步认识 …… 12

2.2　应急科学与工程学科知识体系新认识:应急科学学初步探索 …… 21

2.3　从科学应急到应急科学的认识转变 …… 31

2.4　本章小结 …… 35

第3章　应急科普知识传播体系 …… 37

3.1　我国中小学灾难求生科普传播策略 …… 38

3.2　我国高校应急科普内容设置与推广策略 …… 43

3.3　应急场馆功能训练模块设计 …… 55

3.4　校园突发事件避难逃生及自救知识技能体系设计 …… 61

3.5 小学生遇险求生场景脚本编写设计…… 66
3.6 双盲应急演练模式架构设计及发展建议…… 73
3.7 灾难求生科普沉浸式教育方法探索…… 82
3.8 本章小结…… 93

第 4 章 应急科普参与社会治理 …… 95
4.1 应急文化体系建设理论与实践…… 96
4.2 公共场所应急科普教育体系设计…… 99
4.3 校园应急科普实践案例(一)：
性别差异视野下大学校园风险识别及防范 …… 111
4.4 校园应急科普实践案例(二)：
大学校园交通安全风险分析及对策 …… 133
4.5 本章小结 …… 153

第 5 章 结论与展望…… 155
5.1 结论 …… 156
5.2 展望 …… 158

第 1 章

绪 论

本章介绍了开展应急科普工作的现实背景，对中国应急科学教育事业发展面临的挑战及前景进行了研究和展望，指出应急科学与工程知识体系对应急科普教育发展的重要促进作用，阐明了本书的研究框架、研究内容及创新点等。

1.1 开展应急科普工作的现实背景

开展应急科普工作势在必行。究竟为什么要开展应急科普工作，原因很多。结合实际工作，笔者将开展应急科普工作的现实背景概括为以下几点。

其一，许多作业人员针对事故如何防范以及事故发生后如何应对缺乏基本的应急科普知识。例如有限空间(受限空间)事故接连发生，暴露了该类事故发生的诸多原因。原因之一为习惯性违章，即许多作业场所作业人员经常习惯性违章作业，但一直没发生事故，造成作业人员存在侥幸心理。其他原因更多的是该类事故发生后作业人员缺乏自救互救科普知识，对该类事故不知如何防范。

其二，几次重大灾害发生后，围绕重大灾害相关的应急科普工作成为广泛关注的热点，足见社会对应急科普知识的迫切需求。重大灾害应急科普工作应作为常态工作开展。例如，美国于2011年发现日本在“3·11”大地震引发海啸及福岛核电厂一连串复合式灾害中的死亡人数远低于2004年印度洋海啸导致的死亡人数。其原因是日本防灾科普教育落实较好，小区防灾意识较强。随后美国国土安全局应急管理总署(FEMA)即委托美国急诊医学会开发了一款“救灾英雄”(Disaster Hero)的免费在线游戏，供中小学老师、学生来推动防灾科普教育及提升小区防灾意识。

其三，虽然提高公众科学素养，增强科学知识的价值众所周知，但是应急科普知识作为科学素养的重要组成部分并未受到应有的关注。提高公众应急科学素养，让公众知道什么是应急科学和应急科普，如何针对日常突发情况进行科学理性认识和分析，避免盲目、情绪化或感性化处置一些生活中常见突发灾害是非常关键的。普及应急科学知识，有利于公众提高应急意识、转变应急理念、掌握应急技能，最终尽快提升应急能力。

其四，应急科普是应急科学研究成果转化的必然结果。应急科学研究是知识生产，其成果是知识生产的产品。当应急科学研究成果转化为通俗易懂的应急科普知识，为公众所认可和接受，并在实际工作中派上用场，才更有价值；否则被束之高阁，无论从应急科学研究人力物力等前期投入的哪个方面讲都是诸多资源的浪费。

其五，应急科普是应急管理部门参与社会治理的重要途径，能促进社会和谐。例如应急管理部门日益意识到应急科普工作的重要性，采取不同形式走进基层社区、厂矿、学校，开展应急科普宣教活动，实现应急科普资源共享交流；由于各地应急管理部门是由原来分别隶属不同部门的下属专业部门整合而来的，所以，在应急科普过程中，各部门分别从各自灾害事故防治角度送灾害事故应急科普知识到群众中去。在这样一种工作进程中，各个专业部门产生交集，促进部门对话，更有利于应急管理部门下的各个专业部门之间的磨合、联动及整合。

因此，开展应急科普理论挖掘与实践探索工作非常急迫且意义重大。开展此项工作，一方面有助于丰富应急科普理论体系，另一方面有助于推动应急科普实践工作。

1.2 应急科学教育事业发展面临的挑战及前景展望

应急科普工作包括应急科学基础研究、应急科普知识传播及应急科普参与社会治理等。加强应急科学教育体系建设对应急科普工作是一种强有力的支撑，探索、挖掘应急管理教育发展现状及进行相关展望工作是开展应急科普工作的基本前提。

1.2.1 重大灾害推动应急管理教育发展的现实背景

2003年“非典”[①]事件、2008年汶川地震等重大灾害显现出应急科学人才的缺乏，应急管理层面的人才培养首先被提上日程，成为被关注的热点。国内许多领域开始关注国外应急管理相关情况，借鉴国外应急管理教育的国内应急管理教育开始萌芽。

1.2.2 应急管理教育的开端与发展

2005年河南理工大学依托传统矿山抢险救灾优势，率先在国内试办应急管理(公共安全管理)本科教育，开启了我国应急管理教育时代；其本科教育办学持续到2012年。非常遗憾的是，2012年教育部专业调整时，该本科教育专业作为当时国内唯一的应急管理教育本科专业被撤销。但该校仍坚持在其他相关专业下设置公共安全管理(应急管理)方向继续办学至今。地处焦作小城，河南理工大学首开应急管理本科教育先河的探索精神是值得肯定的。尤其在重大灾害频发，国家对应急管理人才队伍急需的时代背景下，该校开拓创新并持之以恒，其战略眼光和办学精神是弥足珍贵的。

2007年国内首家危机管理学院在中央财经大学正式挂牌。中央财经大学危机管理学院的成立，开辟了国内应急管理学院制的先河。应急管理教育，依靠单独专业或学科仅是一个点的问题；依托一个学院去做一件事是面的问题，是从系统层面考虑应急管理教育问题。

---

① 严重急性呼吸综合征(SARS)，即“非典型肺炎”。

紧随河南理工大学，举办应急管理本科教育的有防灾科技学院、中国劳动关系学院等。这几所院校均先后设置了应急管理本科教育方向。另外，由于依托中国地震局、中华全国总工会等行业背景，这几所院校的应急管理教育又有着自身的特点。

正是在应急管理学院制的带动下，暨南大学、河南理工大学先后成立了应急管理学院，但这种学院制的成立大多是基于“一套班子、两块牌子”的思路。其原因是应急管理尽管成了一个专业，但在办学定位、学生就业、师资队伍配置等层面都存在诸多欠考虑因素。

应急管理研究生教育由于需要长期科研积累，所以最早在中国科学院、清华大学、南京大学、国家行政学院等展开。研究生教育的灵活性大大拓宽了应急管理人才培养的工作思路。应急管理研究生教育在我国应急管理人才队伍建设方面做出了较大贡献。

随后，全国若干院校纷纷在相关学科开展应急管理相关方向的教学或研究。例如 2008 年汶川地震后，四川大学与香港理工大学联合组建了四川大学灾后重建与管理学院。该学院整合了四川大学相关学科专业资源，着眼于国际视角，依托华西医学院强势医学背景，在救援医学方面开展了大量基础性工作。

社会对应急管理人才的急需，激发了如何把人才资源激活的相关思考，应急管理相关行业学会、协会、社会组织等纷纷成立。例如中国(双法)应急管理专委会、中国应急管理学会、中国指挥与控制学会安全防护与应急管理专委会等分别从自身的视角关注应急管理教育问题。

应急管理教育的目的是培养应急管理人才。例如，从应急管理人才培养与应急产业市场二者的关系来看，应急管理人才能招进来、送出去，必须解决应急产业市场问题；应急产业市场能否成熟，牵涉应急产业能否做实。应急产业包括应急装备、应急物资及应急社会服务等。从应急产业与应急产业市场概念的提出到如今，应急产业也好，应急产业市场也好，还在探索，远远没有达到社会所期望的目标。现存的一个突出问题是应急管理人才与应急产业市场两张皮现象非常棘手，即一方面应急管理人才找不到一个很好的出口，另一方面应急企业招不到应急管理人才。这一问题其中原因值得应急领域相关人士深入挖掘和思考。

与此同时，以中国人民公安大学、中国刑事警察学院、南京森林警察学院、江苏警官学院、湖南警察学院等为代表的公安系统应急管理教育，由于贴近实务，无论从理论还是实践上都积累了大量成熟的经验。公安系统应急管理教育如何与生产、自然灾害等领域的应急管理教育交叉融合、对接是未来应急管理教育的重要课题，也是多领域应急管理教育交叉融合并惠及民生的一个重要突破点。这个时期相关专家学者做了大量国外应急管理的翻译介绍工作，但结合本土文化特点的应急科学理论尚待破茧。

1.2.3 应急科学与工程知识体系创新，推动应急管理教育提升与转变

近几年，围绕“应急科学如何可能”这个问题，河南理工大学应急救援研究所课题组进行了大胆探索，尝试性地给出应急科学的初步定义，即应急科学是防范、消减、化转及控制一个系统遭受外界打击后，采取科学、技术、工程、产业及管理等方法，使该系统恢复到人们可接受程度状态（原状态或趋于新的平衡态）的一门科学。应急科学的数据基础是一个值得探讨的问题。因为应急科学是涉及众多领域的学科，所以按照传统观念其数据基础应是通过建立和加强学科之间的数据共享而获得的。但事实证明，学科之间的共享，一是在技术上极为复杂，二是缺乏政策支持且存在部门壁垒。究其根本原因，数据共享缺乏理论基础。具体而言，各个学科在采集数据时都是基于本学科的理论以及实践需求，所得到的数据大多是为了证明本学科理论的正确性，或是为了提高本学科的应用技术水平。当设计“为什么采集”“采集什么”这些问题时，根本就没有考虑数据共享，即没有考虑如何为其他学科所用。

从应急管理到应急科学的探索促进了应急管理教育到应急科学教育的演变，应急科学与工程教育被提上了日程。应急科学的教育维度支撑本质是应急科学与工程知识体系设计。应急科学与工程知识体系包括应急科学、应急技术、应急工程、应急产业及应急管理等五个分支。五个分支提供了对应急科学教育问题认知的思维框架和认知的五个维度，会进一步丰富既有应急科学教育理论，进而构成应急科学与工程知识体系的主要骨架。据此，应急科学与工程相关本科专业开始设置并展开了一系列探索（例如 2019 年 3 月教育部公布了本科专业调整情况，其中，辽宁工程技术大学、太原理工大学等高校获批应急技术与管理本科专业），相关研讨会、文章开始陆续聚焦此类问题。从生产安全应急管理、自然灾害应急管理、公共安全应急管理等不同视角，如何解读、深入研究、达成共识，需要在遵循“实践是检验真理的唯一标准”前提下，突破既有惯性思维框架，以开放包容的姿态，进行长期的理论挖掘和实践探索。

一批本科院校、职业院校陆续酝酿成立应急（培训）学院或相关机构，开始探索应急教育建设。这为学历教育与岗位技能培训的新兴增长点带来了新的期待，为应急产业如何发展、应急产业市场如何形成等现实命题提出了挑战和机遇。一批国有、民营企业开始介入应急管理教育事业的发展，如何激活存量资源，实现资源共享等需要认知观念和具体行动的落实。社会应急教育培训进入新阶段，如何不忘初心地达到教育培训的终极目标路程漫长。应急教育产教融合试点开始探索，应急职业化开始萌生，应急救援员、应急管理师、注册应急工程

师等或被相关部门认可，或被广泛热议和期待。

应急管理部组建，应急队伍专业化能力急需提升，救援装备自主研发充满挑战和机遇，应急管理人才培养及配套措施建设显得迫切。

应急科学工作如何实现“顶天立地”的特征，实现国家安全利益（即应急科学基础研究）与人民群众安全感获得（即应急科普落地生根）将成为未来我国应急工作的重要发展趋势。“顶天立地”特征的实现，需要提升国家整体应急能力，增进人民群众安全福祉。这一特征的实现需要诸多方面保障，其中应急科普将扮演重要角色。如何把基层一线具有丰富实战经验但又相对很少发声的实战派群体提升到被政府、行业进一步认可的层面，进一步充实壮大国家专家智慧力量，这个问题非常急迫。做好基层应急，最关键的是如何激活基层智慧力量。应急立足实战，理论很重要但仅靠理论是不行的，必须把实战技能提到重要位置。应急管理部成立后，队伍建设和装备自主研发重视力度要加大。当然上述这些问题均需要具有本土特点的应急理论体系做支撑。

1.2.4 应急科学与工程知识体系对应急科普教育新发展的促进作用

应急科普的内容包括应急科学基础研究、应急科普知识传播、应急科普参与社会治理等。应急科学与工程知识体系对应急科普的内容和传播提供了一种探索方案。一般而言，科普传播一般可划分为三个发展阶段。相应地，应急科普也可以划分为三个发展阶段，即应急科学普及（单向传播）、公众理解科学（多向传播）、应急科学传播（应急能力综合提升）。应急科普通过提升公众应急能力、促进应急资源共享、推动社会和谐，实现研究应急科学知识、倡导应急科学方法、传播应急科学思想和弘扬应急科学精神的目的。

（1）应急科学与工程知识体系对应急能力、应急文化及应急科普都给出了新的解读和阐释。

第一，应急能力包括五种能力，即应急科学能力、应急技术能力、应急工程能力、应急产业能力、应急管理能力等。应急科学能力是指人们在从事应急科学基础研究中应具备的生理、心理和行为条件，是应急科学意识、知识、思想方法的有机结合。应急科学能力包括思辨、理解、设计、学习等能力。应急技术能力是指附着在人员、设备、信息上的应急资源内生化为知识存量并整合的一种综合体现。应急技术能力包括执行、交互设计、沟通等方面的能力。应急工程能力是把优化后的应急经验常识、个人或群体知识、技术等进行固化，并对其进行理论化与规范化，建立具有韧性的开发载体。应急工程能力包括信息处理、物料管控、样机工程实现与测试等能力。应急产业能力是指组织持续开展生产经营及服务的能力，包括政策把控、生产运营、人才队伍开发等能力以及所有这些因素所形成的组织维持与变革等综合能力。应急管理能力是应急科学能力、应急技术能力、应急工程能力、应急产业能力的综合体现，也是针对突发事件采取的预防与准备、监测与预警、救援与处置、恢复与重建等措施所应具备能力的综合体现。

第二，应急文化分为应急科学文化（崇尚应急科学基础研究的自由探索与国家安全相结合）、应急技术文化（倡导应急工匠精神与基层应急工作落地相结合）、应急工程文化（推动应急精品工程与区域韧性适应能力相结合）、应急产业文化（强化应急产品经济的引擎驱动与应急工作终端相结合）、应急管理文化（推动应急资源整合协同与统筹一体化理念相结合）。

（2）应急科普教育与应急产业的关系。应急科普教育的源头在中小学，乃至幼儿园——这才是牛鼻子。孩子年龄小，现代应急科普教育意识观念容易接受；成年了，思维容易形成惯性，事倍功半。应急科学教育主要是意识、观念接受问题，必须从娃娃抓起，从养育娃娃的家庭抓起，这样才能事半功倍。目前应急意识理念训练类玩具少之又少。把此类玩具以生活化方式呈现给每个家庭，让每个家庭在哺育孩子成长的过程中，感受安全生活氛围，是当下乃至以后应急文化产业必须担当的责任和发展的动力。在这个领域，应急产业市场广阔，创意性研发较有潜力。从某个角度讲，也许这些小小的玩具所产生的应急教育能量或影响力，胜过重大灾害发生时救援装备的威力。应急产业要积极转变战略观念，牢记自身肩负的使命。应急产业要全面考虑整体发展，既要有担当国家安全使命的顶天气魄，又要有落地基层的服务能力。

1.3 研究框架

1.3.1 研究思路

目前国内对应急管理知识的认识局限于对国外应急管理知识的翻译引介层面，缺乏对应急管理背后强大的应急科技体系支撑力量的深入理解和系统挖掘。基于此，本书认为，传统行业应急是我国应急工作的第一发展阶段；国外应急管理知识翻译介绍是我国应急工作的第二发展阶段；应急科学与工程知识体系的深入探索是我国应急工作的第三发展阶段；应急产业市场的形成、应急产业体系化的成熟是我国应急工作的第四发展阶段。应急科普工作目前基于应急科学与工程知识体系视角处于方兴未艾的状态，许多工作急需深入拓宽、探索。本书基于应急科学与工程知识体系的框架，提出了应急科普体系的内容，即应急科学基础研究、应急科普知识传播及应急科普参与社会治理等，并对相关内容进行系统阐释，最终达到应急科普理论引领与实践探索的有机统一。

1.3.2 研究内容

(1) 提出了开展应急科普工作的现实背景，对中国应急科学教育事业发展面临的挑战及前景进行了论述和展望，指出应急科学与工程知识体系对应急科普教育新发展的重要促进作用。本部分阐明了本书的研究框架、研究内容及创新点等。

(2) 阐述了应急科学与工程知识体系发展的几个阶段：从最初STS教育理念下应急管理学科知识体系架构，到应急科学与工程学科知识体系探索，再到提出从科学应急到应急科学的时代追问。

(3) 在应急科学基础研究的基础上，应急科普知识传播出去并得到推广，才是应急科普的落地终端。本部分从我国中小学灾难求生科普传播策略、我国高校应急科普内容设置与推广策略、应急科学与工程原理下应急场馆功能训练模块设计、校园突发事件避难逃生及自救知识技能体系框架设计、小学生遇险求生场景脚本设计原理、双盲应急演练模式架构设计、灾难求生科普沉浸式教育方法等方面对应急科普知识传播中的传播主体与客体、媒介载体、工具方法等进行了系统研究。

(4) 应急科普参与社会治理有助于公众应急意识、应急能力的整体提升，也有助于社会和谐发展。本部分对应急科普在社会治理体系中所扮演的角色从应急文化体系建设、公共场所应急科普教育体系设计、校园应急科普实践案例等几个方面进行了系统论述。

1.4 创新点

(1) 基于应急科学与工程知识体系的框架，本书提出应急科普体系的内容，即应急科学基础研究、应急科普知识传播及应急科普参与社会治理等，并对相关内容进行了系统阐释。

(2) 应急科普参与社会治理有助于公众应急意识和应急能力的整体提升，也有助于社会和谐发展。其中，应急文化体系建设是我国应急管理事业发展的重要推动力量。

1.5 本章小结

灾害频发催发了对灾害应急科普工作的需求。基于何种逻辑来推动应急科普理论与实践工作的整体设计，是本章探讨的主要内容。

(1) 提出了开展应急科普工作的现实背景,包括公众缺乏应急科普知识来防范事故的发生、重大灾害应急科普工作应作为常态工作来开展、应急科普知识作为科学素养的重要组成部分非常缺乏、应急科普是应急科学研究成果转化的必然结果、应急科普是应急管理部门参与社会治理的重要途径等。

(2) 提出应急管理人才属于应急科学人才结构层面这一观点。从应急管理教育发展历程的视角,梳理了国内不同机构从不同角度开展应急管理教育的工作思路和经验,提出应急科学教育是应急管理教育内涵提升与发展新阶段的观点。从应急科学与工程知识体系视野,提出了新时期我国应急科普教育亟待开展和突破的现实命题。

(3) 阐明了本书研究框架、研究内容及创新点等。

第 2 章

应急科学与工程知识体系演变

本章阐述了应急科学与工程知识体系发展的几个阶段：从最初 STS 教育理念下应急管理学科知识体系架构，到应急科学与工程学科知识体系探索，再到提出从科学应急到应急科学的时代追问。

2.1 应急管理学科知识体系初步认识

应急管理作为一个学科，从萌芽到成熟需要一个过程，而且具有面向实践的特点，这预示它具有较强的生命力与发展潜力。美国“9·11”恐怖袭击事件、卡特里娜飓风、中国“非典”事件、汶川地震等是应急管理学科发展过程中所受过的洗礼，也反映了应急管理学科存在理论研究深度不够、学科知识体系有待完善等问题。单从应急管理学科名称看，这个学科研究涵盖了公共安全领域和应急管理领域。应急管理学科名称提出时间不长，但追踪其渊源，可以考证到巫术应急、宗教应急及工业应急等境况。[①] 在我国公共安全领域里，安全科学形成于20世纪五六十年代，应急管理在传统行业也早有所探讨，2003年“非典”事件将应急管理研究推向具有历史意义的阶段性高潮。不同领域的学者从地理学、公共管理学、安全学、灾害学及社会学等角度对应急管理学科知识体系内容提出了自己的理解：以公共事务为研究对象者关注应急管理学科的基础管理理论，面向工矿企业实践的研究者关注公共安全与应急技术，以自然灾害为研究范畴者关注灾害或事故造成的社会效应问题，等等。这是典型的路径依赖作用，不同学者基本都是遵循既往研究基础、专业或领域背景、个人兴趣等基准来进行研究。应急管理学科目前处于快速发展时期，短期内不同领域或背景的学者营造出了“百家争鸣”的氛围，不同学者的争论、讨论等有利于推动学科知识体系不断成熟。但长期来看，众说纷纭并不利于应急管理学科的“学术共同体”形成，很难使应急管理学科作为一个实际意义上的学科被政府、企业、社会所认同。应急管理学科能否快速发展，取决于社会需求状况。由于种种原因，不同类型的突发事件频繁发生，这直接对政府机构运行造成干扰，政府是应急管理的首要需求者；由于作业环境的复杂性与人认识的差异性，企业生产性突发事故难以避免，企业对应急管理有着很大的需求；公共安全关系每个公民的身心健康及安全，公民所组成的社会更是应急管理的庞大需求群体。据此，要想使应急管理学科知识体系得到广泛认同，应考虑政府、企业及公民等不同层面的现实需求。在需求的基础上，不同领域学者协同架构一个可遵循的、被社会广泛认同的知识体系是应急管理学科发展最基本的要求。

源于西方欧美国家的STS教育理念，为应急管理学科知识体系的架构提供了一条可探索的路径。STS教育理念强调理解科学、技术和社会三者的关系，重视科学、技术在社会生产、人们生活中的应用，重视科学的价值取向，重视社会

① 熊炎. 应急管理的总体性与乌托邦[J]. 湖北社会科学，2009(8)：27-31.

发展对人才培养的需求以及社会背景对学习者学习科学和技术的影响。① 应急管理学科知识体系内容涉及应急管理基础科学问题、技术性问题及社会影响等问题。系统分析既往研究成果便可发现，对应急管理学科认识仁者见仁、智者见智的根本原因是，当前对应急管理学科知识体系进行的探索研究，大多将学科体系内容所涉及科学问题、技术问题及社会问题等混为一谈，没有将应急管理作为一个学科进行深入探讨。技术哲学认为，科学与技术是存在差异的。例如，科学是认识自然，技术是改造自然；科学是发现，技术是发明；科学、技术与社会存在着相互作用的现象等。基于这种认识思路，不同领域的学者形成学科共识的根本着手点是使该学科所涉及的基础科学理论、技术及社会等问题有效地融合协同。STS 教育理念倡导的科学、技术及社会协同融合原理有一套较为成熟、可行的研究方法，可以为上述问题的解决提供一个科学合理的答案。

若在 STS 教育理念指导下设计应急管理学科知识体系，则应急管理学科应如何关注应急科学、技术与社会因素？有哪些理论方法可以作为应急管理学科知识体系的支撑，如何利用这些理论方法去研究应急管理学科知识体系存在的问题？不同领域、学科背景的研究者如何打破原有观念和思想的束缚，在既有研究基础上修订传统的学科知识体系，进而整合、融合及提升应急管理学科知识体系架构？本书就此系列问题展开初步探讨，希冀能对相关研究有所裨益。

2.1.1 现状分析

虽然，目前应急管理学科知识体系尚未成熟，但国内外专家学者对应急管理学科理论方法探讨较多。在欧美国家中，美国的应急管理学科探讨较早，许多研究者从地理学、社会学领域探讨洪涝、地震等灾害问题②。经历了“冷战”“恐怖主义”等事件后，美国联邦紧急事态管理局（FEMA）组建了应急管理学院（Emergency Management Institute，EMI），开始关注突发事件的应急管理业务，较早地开展了应急管理培训工作，逐渐形成了一套学科知识体系并不断完善。美国的高等教育层面开始重视应急管理学科起步于 20 世纪八九十年代。这一时期，北得克萨斯州大学开始招收应急管理学科本科生及硕士研究生。而后许多以灾害研究见长的高校，例如乔治·华盛顿大学、特拉华大学等开展了从本科、硕士到博士的应急管理学科建设，并依托高校自身优势，开展有特色的应急管理学科体系建设。目前美国高校中可授予应急管理相关博士学位的高校有近 10 所，可授予应急管理相关硕士学位的高校有近 100 所。此外，受美国应急管

① 孙可平. STS 教育论[M]. 上海：上海教育出版社，2001.

② 梁茂春. 美国社会科学界对灾害的研究综述[J]. 中国应急管理，2012(1)：49-55.

理学科体系的影响，加拿大、澳大利亚、英国、德国、日本等国许多高校陆续开展了较具自身特色的应急管理学科体系建设。

借鉴国外经验，结合本国国情，我国许多科研院所、高等院校结合自身优势开展了应急管理理论、技能及方法等方面的研究。民政部较早组建了紧急救援中心，开展应急救援科研及科普工作；同时依托北京师范大学建立了减灾与应急管理研究院，大力开展应急管理学科理论方法体系探讨。中国地震局组建了中国地震应急搜救中心，依托强势地质地震技术背景，在地震搜救技能方面做了大量工作。交通部组建了海上搜救中心，并成立了南海救助局、东海救助局等，开展应急救助工作。中国消防救援学院组建了应急救援教研室，系统性地开展应急救援学科建设工作。国家行政学院、中国科学院科技政策与管理科学研究所从传统优势介入，组建了应急管理专业学会及委员会。政府相关职能部门在直面对口灾害救援的同时，积极开展应急管理学科体系建设工作，在有效救灾的同时，对于推动全社会形成应急管理的科普意识起到了重要影响。

与此同时，高等院校也开展了应急管理学科体系建设。例如，河南理工大学依托传统矿山安全及矿山抢险救灾学科优势，拓展公共安全与应急管理学科，在国内较早进行应急管理学科知识体系建设，并初步建立了应急管理学科课程体系，包括应急搜寻与救援、应急避难所运营管理等课程。暨南大学从公共治理角度系统性开展应急管理知识体系建设；清华大学从国家层面开展公共安全应急平台、政府公共事务应急管理等研究工作；大连海事大学成立海上救助与打捞专业，从学科体系层面开展应急管理研究；华中科技大学开展交通物流应急预警知识体系建设。此外，防灾科技学院、华南农业大学等高校也陆续开展应急管理知识体系建设工作。可以看出，应急管理学科的较强实用功能及作用日益显现。但就目前文献来看，国内对应急管理知识体系侧重于知识引介和理论探讨，忽视了应急技能方法，造成了理论与技能实训相脱节的现象，灾害现场救援效果不理想。据此，许多研究人员就应急管理学科知识体系中所包括的基本科学问题、技术问题及社会问题开展了孤立性研究，而其中对三者之间是否存在关联以及如果存在关联的话则具体有哪些关联规律等问题都急需进行深入、系统研究。STS 教育理念中的科学、技术与社会互动规律对于开展此项研究具有重要的方向性指导价值。

2.1.2 STS 教育理念下应急管理学科知识体系框架

2.1.2.1 目标

第一，构建基于 STS 教育理念下的应急管理学科知识体系初步框架。

第二，构建衡量应急管理学科中科学理论、技术与社会影响之间协同的指标体系及量化模型。

2.1.2.2 内容

STS 教育理念涉及科学、技术与社会三个维度。因此，应用 STS 教育理念从科学、技术与社会三个维度所构建的新型应急管理学科知识体系初步框架，其内容具体包括以下三个方面。

第一，构建 STS 教育理念下应急管理学科科学理论体系。通过多渠道获取应急管理学科相关的研究范畴、术语、准则、分类、分级、模型、机理等文献资料及现场数据，在建立应急管理学科知识体系资料数据库的基础上，筛选提炼出其中的科学理论及前沿问题。

第二，构建 STS 教育理念下应急管理学科技能体系。在前述数据库基础上，结合具体行业或领域，汇总不同行业或领域的实战技能(基础技能、通用技能及专业技能等类型)，进而构建面向实践的应急技能实训体系框架。

第三，构建 STS 教育理念下突发事件应急管理的社会影响考量体系。在对应急管理学科中的科学、技术、社会问题研究的基础上，探讨突发事件应急管理中科学追踪及技术实施中带来的社会效应及其反作用；同时，从 STS 教育理念角度深入研究科学、技术与社会的协同机制以及达到最优协同机制的条件。

2.1.2.3 难点

第一，STS 教育理念下应急管理学科中科学理论、技术与社会的互动、协同机制。

第二，STS 教育理念下应急管理学科中科学理论、技术与社会的协同量化。

2.1.3 STS 教育理念下应急管理学科知识体系操作方案

2.1.3.1 构建应急管理学科知识体系资料数据库

采用文献查阅法、问卷调查法、访谈法等方法，深入研读应急管理相关国内外文献资料，与政府、企业及有代表性的社会组织、个体(专家、公民)进行交流沟通，获取突发事件应急管理的政府文件、案例及技能实训资料等，构建应急管理学科知识体系资料数据库。

2.1.3.2 应急管理学科中科学理论体系筛选提炼

采用 STS 教育理念的科学体系思路，结合应急管理学科知识体系资料数据库，在梳理国内外应急管理基础科学理论研究的相关文献、相关基金项目成果的基础上，提炼应急管理学科的基础科学问题；采用德尔菲法，征集应急管理领域专家学者对提炼的基础科学问题的建议，最终确定应急管理学科中科学理论体系的内容。

2.1.3.3 面向实践的应急管理学科技能实训体系设计与开发

采用系统工程方法，在前述数据库基础上，依据 STS 教育理念的科学、技术及社会等三个维度构建不同行业或领域的应急管理工具与方法（例如救援技能、救援装备技术、应急管理工具等），在分析不同工具与方法的异同后，勾勒出面向实践的应急技能实训体系框架。

2.1.3.4 突发事件应急管理带来的社会影响考量

采用 STS 教育理念、互动机制等理论方法系统探讨突发事件应急管理中科学、技术实施对社会的影响，从应急管理科学问题发现、技术发明、不同人群的生理和心理等角度进行剖析。

2.1.3.5 系统评估应急管理科学理论、实训技能与社会影响之间的协同程度

探讨应急管理科学理论、实训技能与社会影响之间如何协同及协同程度；探讨不同领域学者专家对于应急管理学科中存在的科学、技术与社会要素的认知差异以及如何打破这种认知差异，进而实现不同研究人群共建协同话语平台等问题。可采用层次分析法、模糊数学等方法来构建衡量应急管理学科中科学理论、实训技能与社会影响之间的指标体系及量化模型。

2.1.4 实践探讨

2.1.4.1 前期准备工作

STS 教育理念强调科学、技术与社会之间的互动关系，指出社会需要和社会背景是学习科学及技术的起点和环境。在 STS 教育理念下，应从解决社会问题的需要入手，掌握相关技术和指导这些技术的相关科学，并最终能够应用这些技术和科学解决社会问题；同时应考虑学习者的社会背景对其掌握科学和技术理解力的影响。[①] 基于此，一些院校引入 STS 教育理念，在应急管理学科知识体系构建方面进行了一定探索。例如，应急管理学科紧紧围绕不同政府职能部门、企业等领域系统性开展安全与应急管理学科建设及科学研究，先后成立公共安全管理、公共事业管理及管理科学等专业；基于 STS 教育理念的要求，从社会需求入手，开展应急搜寻与救援研究方向的探索，注重面向应急场景下的应急救援实操技能教学。

STS 教育理念要求教师除了具备基本的职业技能外，还必须具备扎实宽广的其他业务理论基础，能够设计更多的教学实践，能够塑造学习者的学习建构过

① 李娜. STS 教育理念下“数据库技术”课程的教学探索[J]. 内蒙古师范大学学报（教育科学版），2012，25(9)：82-85.

程，能够充分发挥学习者的自主性、批判性和创造性等。[①] 为此，相关研究工作目前已经吸纳具有不同专业背景的师资参与建设，包括地质矿产、土建工程、计算机、体育训练、医疗、心理等专业背景。多学科背景的加入，可以依据不同的课程需要，搭建不同的应急场景，以满足教学需求。这也是STS教育理念所倡导的，即创建真实学习情境教学，打破课堂理论教学与现场救援相脱节的困境。

2.1.4.2 具体学科知识体系设置

1. 政府应急管理知识体系

应急管理涉及不同政府职能部门、灾害或事故处置救援部门，例如各级政府应急办公室、各级政府安全职能委托机构。政府应急管理部门主要是协调事故或灾害处置的不同具体部门，从这个意义来说，政府应急管理部门需要具备应急管理基本知识体系。参照欧美及我国不同职能部门的实际，政府应急管理知识体系主要是对政府应急管理者普及最基本的应急素质、理论、技能及方法。[②] 政府应急管理知识体系具体可以从应急管理基本理论和基本技能两个维度提炼下述知识结构，即政府应急管理者基本素质培养、西方应急管理概论、应急预案编制与实施、应急演练设计与实施、家庭及社区管理、应急救援组织与管理、避险场所规划与管理、应急指挥与决策、应急资源管理、应急信息与沟通、应急法律法规基本知识、应急管理案例分析、工业安全技术概论、事故处置基本流程等。尽管上述知识体系多是基本的应急管理理论及技能，但也涉及较多的专业业务知识技能，例如工业安全技术概论、事故处置基本流程等。从STS教育理念角度来说，该知识体系对政府应急管理者的业务水平及能力提出了较大的挑战。政府应急管理者平时应注意了解不同事故类型的发生机理，还应加强对应急场景研判知识的学习。从某种程度上来说，政府应急管理者不仅仅是应对事故或灾害的协调者，更是积极有效参与处置事故或灾害的推动者。

2. 企业应急管理知识体系

与政府应急管理知识体系不同，企业应急管理知识体系更侧重具体事故现场救援处置与控制技术等成分。目前我国的不同行业大多拥有自己的专属救援队。例如，矿山行业配备矿山救援队，危险化学品行业有危险化学品救援队。不同行业的专业救援队虽有业务差异，但更多的是有许多共性方面的救援业务。抛开差异，探讨共性，构建的企业应急管理知识体系结构具体应包括：企业应急管理者基本素质、企业应急管理概论、企业应急预案编制与实战、企业应急演练设计与实战、企业安全社区建设实务、企业安全文化建设实务、应急搜救理论与

---

① 柴春红，杜春彦．STS视角下的数学建模[J]．黑龙江高教研究，2004(12)：119-120．

② 陈振明．中国应急管理的兴起：理论与实践的进展[J]．东南学术，2010(1)：41-47．

技术、灾难避险与逃生自救技能、应急救援装备使用技能及方法、应急医疗救援技能及方法、灾民安置技能及方法、企业突发事故现场应急处置技能、企业突发事故应急指挥与决策、企业应急资源管理、企业应急信息与沟通、企业应急心理干预、应急法律法规基本知识、企业应急管理案例分析、工业安全技术、事故处置技术等。在构建共性知识体系的基础上，不同行业可以结合自身专业救援的实际基础，进一步提炼符合自身行业救援管理的差异性知识结构。例如，矿井救援与地震救援比较，二者最大的差异点是现场环境不同。矿井救援面对的是难以预控的井下环境，瓦斯爆炸、火灾等难以预测；地震救援面对的是建筑物塌陷场面，次生灾害随时发生等情况。在构建差异性知识结构时，可以考虑设置地震(矿井)危险源识别与控制技术、地震(矿井)应急场景与测试技术等。

2.1.4.3　技能实操

技能实操训练宜依据技能培训课程条目需要，考虑引进、培养以及吸纳跨学科专业背景的师资参与相应专业技能培训课程建设。例如：针对瓦斯事故场景设计，应吸纳煤矿安全、井下基建、矿山医疗救护等专业人员参与；针对地震救援场景教学，应积极吸纳地震工程、地质工程、城市规划等专业人员参与。结合不同灾害场景设计、教学及科研实际，应使拥有相应专业背景、丰富实践经验的人员参与课程建设。这样一方面有利于技能实操充分考虑应对灾害的实际需求，另一方面培养、锻炼了师资队伍应对不同灾害的救援处置能力，最终推动课程体系的师资队伍建设。三角形原理①提示人们，应急管理的核心是危险源(风险源)的识别。只有把危险源识别出来，才能谈得上进行风险管理及脆弱性分析。当然，识别危险源需掌握该类事故灾害的发生机理。就这一点，美国组织不同领域专家学者构建了15种应急场景模型。刘铁民参照美国这一经验，构建了具有我国特色的不同灾种的场景。② 该场景对于管控事故或灾害危险源以及锻炼应急管理人员的实战能力具有很大价值。从这个角度来说，结合地震、矿井及消防等实战部门，对国内外学者倡导的应急场景进行科学合理设计与开发就具有一定的现实意义了。例如，中国地震局对此已经开展了大量虚拟实景平台的研发工作，这也符合STS教育理念所倡导的“创建真实学习情境教学”的要求，有助于提高教学效果、锻炼学习者更好的实操能力，使应急技能学习环境更接近灾害现场。

2.1.4.4　教学方法

STS教育理念下采用何种课程教学模式仍是亟待探讨的问题。传统教育

---

① 刘奕，翁文国，范维澄. 城市安全与应急管理[M]. 北京：中国城市出版社，2012.

② 刘铁民. 重大突发事件情景规划与构建研究[J]. 中国应急管理，2012(4)：18-23.

方式有其优势，但随着互联网发展，也逐渐暴露出其局限性。STS教育理念倡导学习是教师与学生互动的过程，学习过程中要考虑给学生留有充分的时间与空间，使其参与获取知识和技能的过程，激发其学习兴趣，培养其运用知识的意识和能力。这也对采用何种教学教法提出了挑战，哈佛大学的案例教学法、教育部卓越工程师式的教学法、传统“师带徒”的个性培养教学法、角色扮演、模拟游戏等被引进、提炼。这些教学法具有共同特点，即激发学生探究体验，这也是STS教育理念所推崇的重视学习过程中探究与体验的要求。有别于传统的科学教育，STS教育理念重在唤醒主体的自我意识及情感体验。该教育理念认为科学方法、科学态度是通过实景探究与体验而得来的。由此，情景教学法被应急管理教育者日益重视。场景最早源于电影艺术，主要指电影场景的设计架构要素。在应急管理领域，编制某种类型的应急预案或进行演练设计都要基于某种突发事件发生的设定场景。基于此种设定场景对突发事件应急处置、救援或指挥的具体流程或环节进行管控。应急预案编制或者应急演练设计都是在突发事件发生之前所做的工作。理论上，研究者可以对所有已经发生过的和可能发生的事件进行深入研究，利用穷举法，罗列所有可能发生突发事件的应急场景，构建应急场景平台，逐一编制应急预案或者进行日常应急演练的设计、操练。但在现实情况下，由于人力、物力及财力等种种条件约束，理论上的设想很难实现。考虑现实可操作性，笔者曾提出与地震、煤矿及消防等实战部门合作搭建救援场景实验平台，借助计算机仿真实现不同灾害场景仿真模拟；同时，考虑实际灾害场景，实现仿真场景与实际场景协同互补，使应急技能实操教学或训练落到实处。

2.1.4.5 课程教材

从STS教育理念出发，以科学、技术与社会互动关系为主线，可以组织不同领域学者专家编写“侧重技能型的应急管理学科知识体系架构”方面的课程教材。编写此类教材首先要清楚若干基础管理理论知识。对此，目前国内外许多学者专家正从宽度和深度两个维度进行探讨。同时，此类教材在理论上对现场救援有指导作用。没有现场救援实践推动则很难说新提出的理论能有多大价值。STS教育理念下的应急管理学科中的科学理论亟待开拓。巨灾不断发生，现场抢险救灾技术有了很大拓展，许多救援技能知识得到了实践检验，例如救援装备实操、救援救护实操、搜救技能实操、灾民安置技能实操等。这也是STS教育理念中技术类别环节中的组成部分。当然，应急预案与演练技能、风险管控及脆弱性分析等技能越发重要，但这几类技能在事故救援中暴露出很多问题。例如，预案到底对实际救灾有多大指导性，谁来编制预案，如何使预案的演练更具实效，重大事故情景如何构建等，这些问题都需要在STS教育理念指导下论述清楚。

STS教育理念中的科学、技术与社会互动机制问题，牵涉不同领域学者的协同作战问题。对于应急管理学科知识体系，目前是仁者见仁，众说纷纭。整合应急管理学科中的这种矛盾必须选择好突破点。STS教育理念中“重视学习过程中的探究与体验”这一要求，是解决问题的重要出路。直面救援现场，从现场救援需求实际问题出发来探讨学科知识体系建设似乎更有价值。这也符合著名技术哲学家陈昌曙所极力倡导的“问题意识”观点。作为应急管理研究者要直面灾害或事故现场，应明确一线救援指战员需要哪些平时及战时的知识储备，坐而论道、闭门造车是不可取的。

上述STS教育理念倡导的内容以及大量的应急管理教育研究成果，都是编写应急管理知识体系相关教材时应重要论述的内容。通过上述内容的学习，可以为政府、企业及一线应急管理者提供一定的应急救援初步专业知识，从而使这些人员能初步掌握应急管理基本常识、学会基本技能及方法，能基本胜任灾害现场救援工作。

2.1.4.6 教学效果

教学效果是对STS教育理念下应急管理学科知识体系架构的评价，也是对整个教育理念的效果评价。参照STS教育理念的测评工具[①]，笔者结合教学实践，提出了结果性评价与过程性评价的路径。结果性评价主要关注整个研究工作的效果、学习者的学习效果等；过程性评价主要关注在整个教学过程中效果如何等。以河南理工大学为例，对于结果性评价，该校在STS教育理念下、在应急管理学科知识体系建设中，给予教学团队组织、经费、师资等保障，实现了工科与人文社科多学科师资队伍协同，初步构建了应急管理学科知识体系架构，陆续建成了应急救援研究所、应急志愿者研究中心等学术科研机构，该校已成为河南省高校人文社科省级重点研究基地依托单位，承担了大量国家级、省部级教学科研课题，对应急管理学知识体系形成了整体支撑。对于过程性评价，在STS教育理念指导下，该校吸取美国教学范例的经验，尝试性地进行了跟踪课程教学的标准化建设，取得了一定成效，通过标准化课程平台建设，实现了教师与学生的动态沟通，使STS教育理念中的情景学习得到了灌输。在此认识基础上，可以将应急管理学科所强调的科学理论、技能及社会影响有机组合并提升到应急科学层面来进行更广、更高视角的研究和建设，这无疑充满着挑战和机遇。

---

① 宋怡，周志华. VOSTS：一种新的STS观念测试工具[J]. 全球教育展望，2002(4)：35-36.

2.2 应急科学与工程学科知识体系新认识:应急科学学初步探索

STEM(即 Science、Technology、Engineering、Mathematics,科学、技术、工程、数学)教育理念发端于欧美,主要涉及科学、技术、工程及数学等维度。STEM 教育理念给当代高等教育理论、方法带来了较强的冲击性与建构性,已成为引领当下教育的新理念。STEM 教育理念倡导教育中要综合考虑科学、技术、工程及数学等四个方面的要素。[①] 事实上,科技哲学领域已经发展出科学哲学、技术哲学、工程哲学及产业哲学等部门哲学,几类部门哲学中对科学、技术、工程及产业都给予了重点关注。综合考虑 STEM 教育理念与科技哲学几类部门哲学,并融合国内外应急学科研究,本书提出了开展应急科学与工程学科知识体系的探讨。开展这样一个研究的重要原因之一是国内外不同学科都从各自学科对应急阐释各自观点。尤其是目前应急管理似乎涵盖了应急工程技术产业门类。按照科学学理论方法,管理与工程技术产业是不能互相涵盖的,而现实是前者的研究成果中涵盖了后者的研究成果,但又得不到后者的认同,这就造成应急硬科学(工程技术产业等)与应急软科学(应急管理、政策、文化、行为等)相悖,很难兼容。开展此项研究另一个原因是,迄今我国应急相关的实务部门尚未有一套成熟的应对灾难事件的成体系的理论、工具与方法,因此迫切需要从理论到实务提炼出一套针对应急实务的应急理论体系。基于 STEM 教育理念倡导的科学、技术、工程及数学等四个要素是密不可分的;同时几类部门哲学中对科学、技术、工程及产业关系都有着严密的逻辑推导,即技术哲学脱胎于科学哲学,工程哲学脱胎于技术哲学,产业哲学与工程哲学、技术哲学又有着千丝万缕的关联。建立在上述两种理论认识基础上,本书提出应急科学与工程学科术语,包括应急科学、应急技术、应急工程、应急产业及应急管理等。可以看出,应急科学与工程学科术语涵盖了应急硬科学与应急软科学两个方面,既把握了学术理论的逻辑性,又对接了当下方兴未艾的应急产业发展趋势,具有较强的理论探索意义和现实价值。基于这种认识思路,笔者结合近几年在安全与应急救援领域的教学科研工作积累,初步提出应急科学与工程学科这么一个探索性的术语;设计了应急科学与工程学科知识体系;探讨了应急科学与工程学科是如何关注应急科学、技术、工程、产业与管理因素的;分析了有哪些理论方法可以作为应急科学与工程学科的支撑,如何利用这些理论方法去研究应急科学与工程学科知识

---

① 赵中建.美国 STEM 教育政策进展[M].上海:上海科技教育出版社,2015.

体系存在的问题；探讨了不同领域、学科背景的研究者如何打破原有观念、思想的束缚，在既有研究基础上，修订传统的学科知识体系，进而整合、融合及提升应急科学与工程学科知识体系架构，等等。希冀上述种种研究能对我国应急工作有所裨益。

2.2.1 概念边界

安全是个比较宽泛的概念，一般指安全生产；灾害是突发事件的社会影响性；风险是突发事件之前的管控，危机是突发事件的严重化状态；应急是指应付迫切的需要。狭义的应急管理是针对突发事件的管理；广义的应急管理是全过程应对体系意义上的管理，涵盖风险管理、突发事件管理、危机管理等。目前我国不同学科对应急都有自己的解读，表面看都没错，但细读会发现很多问题。不同学科对应急的解读都存在大量重复性认识问题，似乎都在排斥其他学科，其实这里面存在一个学科边界问题，即学理上的边界。因为我国不同涉应急的学科对应不同职能部门，这些学科边界反映到对口职能部门，就是不同职能部门边界不清楚。比如政府应急、企业应急与社会应急的边界如何划分，政府系统中的地震应急、民政应急、气象应急、环保应急等部门的应急边界如何界定，等等。如果这些边界问题从理论上认识不透，那么直接后果是参与实际救灾过程的职能部门之间责权利不清，加大应急协调工作成本，许多应急资源要么跟不上，要么过度浪费。这种现象一方面暴露了国家应急体系建设不到位的现实问题，给我国应急管理者提出了挑战；另一方面说明学术界对此缺乏系统深入的解读。学术界在国家应急体系中扮演的是政府或企业等应急职能部门应急智库的角色，国家应急体系建设不到位，其中一个责任者自然应该包括学术界的一部分应急学术问题研究者。从这一点来说，学术界，尤其是高等科研院所一个重要任务就是如何对涉应急的多个学科进行学科边界切割或解读的问题。建立在这个认识的基础上，笔者对传统的涉应急的学科及近几年发展起来的涉应急的新学科、新提法进行初步的概念及范畴差异界定。其中，这些涉应急的多个学科主要包括安全科学、灾害学、公共危机管理、公共安全等。在此种界定的基础上，笔者试图整合上述涉应急的多个学科，将其融合统一于应急科学与工程学科体系中。这样做是因为目前许多救援队伍不规范，装备产业滞足不前，缺乏一个类似“应急科学与工程”学科的顶层设计来作支撑。目前我国对救援队伍规范还限于标准制定层面。事实上，标准只能解决点的问题，系统性的学科建制才能解决政府、企业、社会对应急领域专业人才需求的整体性问题。

按照上述认知思路，本书提出建设应急科学与工程学科，首先要区分其与安全科学、灾害学、公共危机管理、公共安全等(其实涉应急的学科远远不止这几个学科,本书仅以此为例,其他阐释情况类似)学科的边界问题,或者说应首先弄清此学科的研究目的和研究对象等系列问题。本书仅从每个学科目前隶属的管理部门、学科研究对象、研究目的等几个维度展开比较分析。

2.2.1.1 安全科学中的涉应急问题

安全科学是一个中国化名词术语,其最初源于20世纪五六十年代的安全生产领域。经过安全科学界有关人士的不断努力,2011年安全科学与工程学科被国务院学位办设置为一级学科,其最终从矿业工程一级学科里独立出来。应该说,安全科学与工程被设置为一级学科对我国安全生产领域的工作有很大的建设意义。许多相关专家学者也在呼吁安全科学与工程学科可以涵盖所有涉安全的学科领域。脱胎于矿业工程领域,着力于安全生产领域,似乎又受限于安全生产领域的应用母体,上述种种造成这个学科的应用始终是以安全生产领域的事故为研究对象。尽管有学者提出该学科要扩展到其他更广的应用领域,但就目前趋势来看,还存在很多认知约束因素。仅就其涉及应急问题的研究来说,这个学科的学者着力点还是在安全生产领域的事故应急救援;对国外应急领域的新理论新方法的接收、消化、采纳及改进提升本学科架构来说,该学科还存在很大发展空间。因此,安全科学与工程学科囊括所有安全领域的目标还需要更多的基础理论探索以及新理论新方法的引入。

2.2.1.2 灾害学中的涉应急问题

灾害学源远流长,国外从事灾害学的相关人士,较早已具有社会学、历史学、地理学等学科背景。比如美国灾害学源头的特拉华大学,其灾难研究中心基本是从上述安全科学、灾害学等几个学科展开研究。该研究中心近几年也考虑让工程学科的学者介入灾害学研究。除了特拉华大学外,美国的许多大学都开展灾害学研究,其中包括自然地理学、人文地理学、政治学、人类学等学科背景的学者开展类似研究。在我国,灾害学研究也与国外有类似之处,许多从事自然地理学、人类学、历史学、地震学等学科的学者专家也在纷纷从自身领域或角度开展与灾害学相关的研究工作。一般来说,灾害学是自然灾害学与人为灾害学的总称。目前比较公认的说法是,灾害学通过研究灾害的成因和时空分布规律来寻求减轻灾害损失的途径。从这个界定来看,灾害学的研究对象更侧重自然灾害,关注自然灾害相关的社会影响层面的知识,其研究目的是分析自然灾害的成因及其减缓规律。

2.2.1.3 公共危机管理中的涉应急问题

公共危机管理源于危机管理,发展于应急管理概念体系。国内外较早乃至今天依然在这方面关注的一个焦点是企业危机管理,并出版了大量成果。当前国内外公共管理学科的学者专家针对公共危机管理或者应急管理问题展开了大量探索。国际上公共管理学科的学者开始关注这个问题始于美国"9·11"恐怖袭击事件等系列事件,国内公共管理学科学者开始关注这个问题源于2003年"非典"事件。在此之后,我国的"一案三制"型的应急体系逐步建立,给我国应急工作带来了较大的积极影响。但从国内学者所探讨的问题及产生的成果来看,大多局限于应急管理层面。目前,我国的应急管理学科日益受到重视。应急管理学科如果作为一个学科,那么应急问题中的工程技术问题、机械装备问题能否囊括其中?应急管理领域的学者能否对其中的工程技术问题、装备产业问题有深入、系统、全面的认知?众所周知,工程技术问题涉及许多基础性工程技术实验问题、机械装备加工问题以及产业规划等微观问题。这些问题单纯在现有学科框架下来解决是存在诸多困难的。

2.2.1.4 公共安全中的涉应急问题

面对灾难事故频发,诸多不同学科从各自领域探讨如何应对灾难事故。不同学科百家争鸣,但也给人一种学科布局不统一的乱象。公共安全学科在这种现实背景下被提上了日程。公共安全一般包括四大类突发事件:自然灾害、事故灾难、公共卫生事件、社会安全事件等。可以看出,公共安全是一个很广的社会管理领域,是一项包括很多内容的业务活动。按照这个认识,公共安全如果作为一个学科的话,似乎也是无所不包,这类似科技哲学学科的"大口袋"模式。这种模式有优势也有劣势。优势在于整合了多个不同学科,劣势是涉及的内容太杂。目前该学科最起码还缺乏科学合理的理论方法去较好地统一阐释各种不同灾种事故,而且似乎在重复做安全科学的许多工作。至于这些重复性工作的价值能有多大,需要相关学者专家深入系统地开展调研论证工作。至于涉及的应急问题,公共安全学科由于提出时间不长。另外,美国应急管理四周期理论尽管有其优势,但对于我国复杂的国情,尤其对涉应急的学科配置或设置来说,是否科学合理,还需要做大量的研究工作。从这个意义上说,公共安全学科中有关涉应急问题的学科分支设置是需要商榷的。

综合上述对安全科学、灾害学、公共危机管理、公共安全等多个学科中涉应急问题的剖析,可以看出不同涉应急问题学科研究或关注的都是应急问题的一个局部性问题,缺乏一个对应急问题的整体性视角的探讨。

2.2.2 应急科学与工程学科的研究对象、研究目的及特征

2.2.2.1 研究对象

应急科学与工程学科的研究对象是突发事件。突发事件在我国《突发事

件应对法》中有明确的界定。根据我国2007年11月1日起施行的《突发事件应对法》的规定，突发事件是指突然发生，造成或者可能造成严重社会危害，需要采取应急处置措施予以应对的自然灾害、事故灾难、公共卫生事件和社会安全事件。应急科学与工程学科侧重从科学、技术、工程、产业及管理多个角度来研究突发事件，着力关注突发事件发生之前、之中到之后的全过程周期的事前防范、事中救援处置及事后恢复，同时强调事后恢复与事前防范应形成一个闭环、螺旋上升循环。应急科学与工程学科同时提出应急科学与工程学科体系应综合考虑科学、技术、工程、产业及管理等维度，进而衍生出相应的五个二级学科或分支方向，即应急科学、应急技术、应急工程、应急产业及应急管理。这五个二级学科或分支方向分别从不同角度，采用不同方法来研究防范与应对突发事件的基本规律与基本策略。应急科学与工程学科的研究对象及其衍生分支，见图2.1。

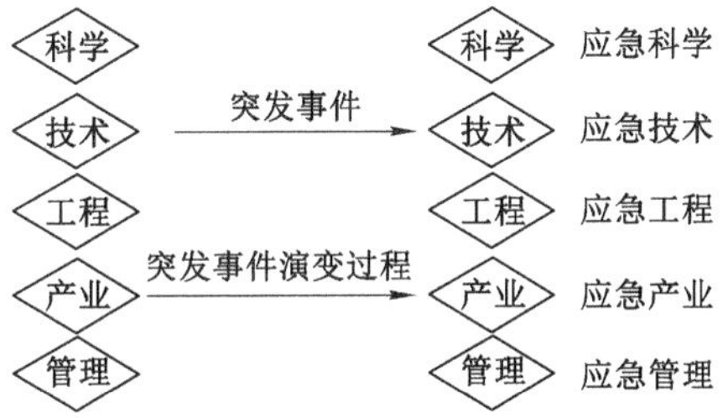

图2.1　应急科学与工程学科的研究对象及其衍生分支

2.2.2.2　研究目的

应急科学与工程学科的研究目的是采用科学、技术、工程、产业及管理措施有效防范与应对突发事件（见图2.2）。应急科学与工程学科是一门交叉学科，涉及多个学科。应急科学与工程学科主要研究具体采用何种措施来防范与应对突发事件。由于突发事件不同于一般事件，其具有突然发生、造成或者可能造成严重社会危害、需要采取应急处置措施予以应对等特点，因此必须采取非常规方法来处理。针对突发事件的处置包括两个方面：一方面考虑如何防范、减缓具有上述特点的突发事件发生；另一方面考虑一旦突发事件发生，如何进行紧急救援与处置乃至恢复或逼近到突发事件发生之前的状态等。当然恢复或逼近到突发事件发生之前的状态也许是一种理想状态。耗散结构理论认为，稳定平衡态一旦被打破，即便重新回到新的平衡态，其涉及的环境状态等指标均难以复制，这一点也是需要注意的。

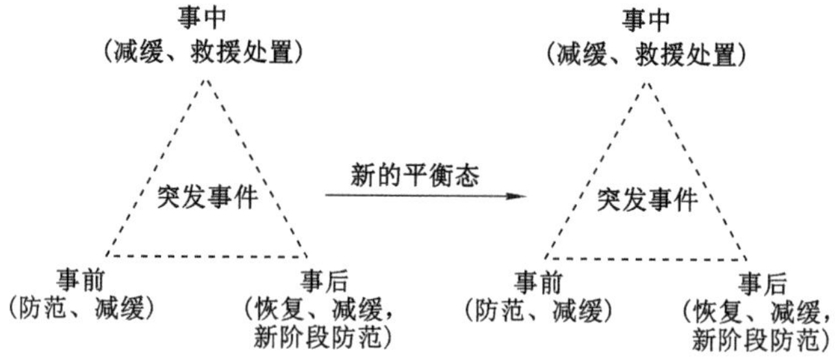

图 2.2　应急科学与工程学科的研究目的

2.2.2.3　学科特征

1. 实用性

目前人们对应急救援领域似乎存在一个认知误区，总感觉获得了政府、企业决策层支持，救援事业或项目就成功了。其实，应急救援无论是观点思想还是实体的装备，即便决策者认可了，如果群众在认知上不能普遍认同，则不能称之为成功。这是我国救援工作的一个现实困境。那么，救援工作如何落地，具体应从哪着手？工作思路是什么，应如何具体开展？在这方面，公益志愿服务在国内开展得如火如荼，尤其是对民间救援志愿者的相关探索，或许可以为开展救援工作提供一些思路。民间救援志愿者在基层遍地开花，依据自身专业特点，在社区开展安全救援科普培训，具有一定的影响力。这一点是值得政府及企业相关救援机构借鉴的。按照这个认识，应急科学与工程学科体系建设必须考虑应急救援工作的落地问题，这也是该学科建设的一个前提和根本。

2. 整合性

应急科学与工程学科一方面整合多个涉应急学科的专业成分，具有较强的兼容性；另一方面提炼出多个学科相关应急的表述，从学理层面实现了多个学科对应急认知的交叉统一，有利于推动应急领域形成合力，也有利于倒推应急体系改革。

3. 人文性

应急科学与工程学科综合考虑了政府、企业及社会不同层次、不同人群的需求，既考虑了国家需求、政府需求、企业需求，同时也考虑了社会公众，尤其是民间救援组织蓬勃发展对教育培训的现实渴望。公益志愿服务是一个国家文明程度的重要衡量指标之一。民间救援组织给传统应急救援体系注入了许多新鲜的血液。尽管民间救援组织在许多方面存在很多不完善的地方，但其公益志愿服务精神以及采取救援的方式方法，是值得应急科学与工程学科体系建设汲取和思考的。从这个意义上讲，应急科学与工程学科体系没有理由不考虑公益志愿服务的深刻内涵，这也体现了学科建设较强的时代人文特征。

2.2.3 多学科会聚的应急科学与工程学科体系的可行性与现实意义

2.2.3.1 建立学术共同体、规范专业术语

如上所述，应急科学作为一个新的学科在应对社会安全层面具有的重要作用，不言自明。不同学科的专家学者纷纷从各自比较熟悉的学科展开对应急科学问题的探讨，这是学者专家典型的学科"路径依赖"思维。短期内，各个学科百家争鸣，有利于推动学科发展；长时间，则会产生学科属性混乱，各说各话，缺乏规范统一的专业术语。由此会造成两方面后果：一方面会产生大量重复性工作，浪费太多社会资源；另一方面，会造成许多工作不能对接吻合。例如一个领域新的专有名词术语，在另一个领域也许是发展比较成熟的术语。例如，脆弱性这个概念，在灾害学中已经是一个很常见、相对认识统一的术语，但在安全科学范畴内却是很新鲜的词语。一旦后者认识到这个词语重要的学术价值，将会重点研究与之相关的课题项目，从而就产生了重复性工作，造成不必要的财力物力以及时间上的浪费。

目前国内外成立了许多与应急相关的协会组织，有应急管理层面的，有应急工程技术层面的，有应急文化等层面的。不同层面的应急组织在自己的活动范围内开展活动，不同应急组织之间很少来往。由此产生一个问题，应急管理与应急工程技术孰轻孰重，到底谁管控谁。该问题说明，当前方兴未艾的应急管理无法涵盖应急工程技术方面的内容。建立应急科学与工程学科体系的现实意义便体现出来了。以应急科学与工程学科体系来统一应急管理、应急工程技术等具有一定的可行性。据此，建立应急科学与工程学科学术共同体，找到学科的共识点进行对接，进而才能规范学科的专业术语，为应急理论与实务对接建立学理基础。

2.2.3.2 有利于促进多学科走向融合统一

对应急感兴趣的不同学科的学者纷纷依据学科"路径依赖"思维提出自己的看法或见解，这对应急学科发展无疑是有积极作用的，但这些看法或见解是通过哪些渠道如何影响政府或社会的？

众所周知，一次灾难事故，也许涉及多个部门之间的协调作业问题。针对该问题，不同的学者专家往往缺乏统一规范的应急学科术语基点。据此，应急科学与工程学科体系的构建试图将多个涉应急的不同领域的学科专家及意见进行整合，形成共识与合力，更好地应对突发事件。从这个意义上讲，应急科学与工程

学科体系的完善，将有利于促进多学科走向融合统一。

2.2.3.3　有利于应急管理及应急救援人才队伍培养

应急科学与工程学科设立及其知识体系构建可为应急管理及应急救援人才培养提供一定的支撑作用。应急管理类人才主要是指对应急工作进行综合协调指挥管理的人才，比如从事突发事件综合行政业务管理的相关人才、应急管理教育类人才等。应急救援人才主要是指在突发事件中，承担一线救援任务的实战实训类人才。应急科学与工程学科及其知识体系在综合既往应急管理知识体系基础上，对突发事件应对与防范中的科学、技术、工程及产业等因素进行深入挖掘，对一线救援队伍的支撑作用较为突出。在此，以应急救援队伍为例对应急救援人才培养进行举例分析。

一般来说，应急救援队伍包括专业救援队伍及民间救援队伍两个方面。其中，专业救援队伍包括政府职能部门专业救援队伍和不同类型企业专业救援队伍；民间救援队伍指通常意义上的应急志愿者，包括地震志愿者、消防志愿者、人防志愿者及民间救援队。目前，针对应急救援队伍的培训多以短期技能学习为主，这给应急救援人才培养提出了很大的挑战，因为应急救援人才需要兼备应急理论与实践技能。另外，对于民间救援队伍来说，更是问题重重。众所周知，我国民间救援队伍大多属于兼职做公益救援，一般每个民间救援队伍专职人员较少。随着公益救援观念日益深入人心，越来越多公众参与或发起民间救援队伍，民间救援队伍的数量逐年增多。如何全面、系统地对民间救援队伍进行应急知识技能培训对相关部门提出了很多问题。据此，建立应急科学与工程学科体系，从基层科学理论到实践技能对救援队伍(包括专业救援队伍和民间救援队伍)进行系统性教育培训，是现实驱动的需要，意义较大。

2.2.3.4　有利于应急产业走向成熟

应急产业政策已进入国家产业政策层面，未来应急产业发展空间较大。然而，目前应急产业发展存在诸多问题。首先，应急产业与较早所提安全产业、消防产业等都有诸多重复之处，需科学界定应急产业。其次，应急产业发展模式值得研究。作为一个产业，自然要有市场空间。对于应急产业来说，市场空间应注意考虑突发事件应急准备环节(即监测预警、安防监控等日常安全环节)。此外，应急产业发展依靠应急产品研发，而目前我国许多行业的应急产品大都以国外产品居多，国内应急产品得不到认同及推广应用。为什么会产生这种现象，原因很多。其中一个原因是我国缺乏对应急产品研发的基础性投入，缺乏标志性的研发成果。针对这个问题，我国虽在许多部门先后投入一定资金进行了若干实用性设备仪器的研发，但仍限于局部性的探索，缺乏对应急产品研发的系统性研究。建立应急科学与工程学科体系，在高校开展大量有关应急产品的基础性研究工作非常必要。例如，应急产品所涉及的一些物理、化学、生物、机械等基础理论及实验性的探索工作。

2.2.3.5 有利于知识生产新模式的发展

知识生产是指人们通过脑力劳动创造出新知识（包括知识形态的科学技术）的过程。[①] 应急知识作为一种知识符合知识生产的概念与特征，新的应急知识也是在已有知识基础上的新发现。传统知识生产模式主要是以单一学科为基础进行的，传统知识生产与应用是相互分离的。在传统知识生产模式的基础上，以会聚技术为特征的跨学科知识生产新模式得到发展。这种新的知识生产模式以应用为基础，实现了知识生产与应用相整合等特点。[②] 在当下会聚技术理念下，应急知识无疑具备新的知识生产模式的特点。众所周知，应急知识古已有之，其成为热点是自美国“9·11”恐怖袭击事件之后。在我国，自 2003 年“非典”事件之后，10 余年间应急研究仍缺乏一个系统性的学科建构探索。

基于上述知识生产模式思路，建立应急科学与工程学科体系，是建构在会聚技术理念下的跨学科知识生产新模式的一种实践探索。开展此工作，一方面有利于应急知识传播，另一方面更有利于应急知识再生产。结合应急科学与工程学科体系建设，应急知识传播对接应急学科的教研工作，应急知识再生产对接应急学科的相关科研工作。可见，一旦应急科学与工程学科体系建立，学术共同体形成合力，则由此带来的应急知识传播与应急知识生产的影响力将是巨大的。

2.2.4 应急科学与工程学科知识体系框架

应急科学与工程知识体系构建对于整合多个涉应急的学科专业走向融合统一，具有重要学理意义；对于倒推政府涉应急的多机构联合协同工作更具有现实价值。结合上述分析，考虑多学科会聚技术理念、STS 教育理念、STEM 教育理念，本书提出应急科学与工程学科知识体系涉及五个方面的内容，即应急科学、应急技术、应急工程、应急产业及应急管理等。其中，应急科学主要是从科学学角度，探索应急科学学相关的基本理论方法以及基本规律等内容。应急技术主要探索具体领域、不同行业的应急技术发展的基本规律等内容。应急工程主要研究具体领域、不同行业的实际应急工程发展的基本规律等内容。应急产业主要研究应急装备产品研发的基本规律、应急产业市场发展的基本规律等内容。

① 吉本斯. 知识生产的新模式：当代社会科学与研究的动力学[M]. 陈洪捷，沈文钦，译. 北京：北京大学出版社，2011.

② 潘云鹤，朱经武. 学科会聚与创新平台：高新技术高峰论坛[M]. 杭州：浙江大学出版社，2006.

应急管理主要研究具体领域、不同行业的应急管理问题(包括应急文化、应急行为、应急政策等)的基本理论与基本规律等内容。

2.2.4.1 应急科学

应急科学主要采用科学措施研究突发事件发生之前、之中及之后等整个周期过程的全方位、系统性防范与应对规律和策略。应急科学包括两方面内容,即应急科学学及应急科学基础内容。应急科学学主要研究应急科学基本发展规律,包括与应急科学相关的研究范畴、术语、准则、分类、分级、模型、机理等,以及应急科学过程论、应急科学主体论、应急科学认识论、应急科学本体论、应急科学方法论、应急科学实践论等。应急科学基础内容包括应急物理、应急化学、应急测绘、应急地质、应急生物、应急机械、应急材料等。应急科学主要从应急基础理论与基础实验两个方面开展学科体系建设。应急基础理论包括应急科学学和应急基础自然科学两个方面的内容。应急基础实验是从物理、化学、生物、机械、材料等多个学科层面所形成的交叉方向对应急问题开展一系列的实验探索工作。

2.2.4.2 应急技术

应急技术主要采用技术措施研究突发事件发生之前、之中及之后等整个周期过程的全方位、系统性防范与应对的规律和策略。应急技术主要源于应急涉及的具体行业或领域,主要包括不同行业或领域的实战技能,分为基础技能、通用技能及专业技能等类型。各种类型的应急技能形成了面向实践的应急技能体系。其中,基础技能包括基础体能训练技术、攀岩绳索等技能;通用技能包括基本搜索营救技术、救援装备操作维护技术、基本监测监控技术、安防预警技术、视频监控技术、舆情监控技术等;专业技能主要是不同行业或领域涉及的不同救援技能,例如针对山地救援的专业救援技术、针对汽车救援的破拆营救技术、针对建筑物倒塌救援的搜救技术等。

2.2.4.3 应急工程

应急工程主要采用工程措施研究突发事件发生之前、之中及之后等整个周期过程的全方位、系统性防范与应对的规律和策略。应急工程包括工程设计、施工、投入运营及工程报废等整个周期过程,具体包括应急工程基本管理与方法、应急工程理论与实务、应急工程设计理论与实务、应急工程施工方法、应急工程运营实务、应急工程案例分析、应急工程经济学、应急工程可靠性、应急工程试验设计等。

2.2.4.4 应急产业

应急产业主要采用产业措施研究突发事件发生之前、之中及之后等整个周期过程的全方位、系统性防范与应对的规律和策略。应急产业研究主要包括应急机械设计理论与方法、应急材料原理、应急材料理论与方法、应急机械加工理论与实务、应急装备操作与维护、应急产品工艺学、应急产业理论与方法、应急产业政策、应急产业市场营销等。

2.2.4.5　应急管理

应急管理主要采用管理措施研究突发事件发生之前、之中及之后等整个周期过程的全方位、系统性防范与应对的规律和策略。应急管理包括政府、企业和社会等三个层面。其中，社会层面的应急管理主要与社会公众安全意识的提高以及民间救援组织的兴起关系密切。近年来，一方面社会公众的安全意识普遍有所提高，民间救援组织也蓬勃发展。另一方面，无论是社会公众还是民间救援组织都缺乏对口的系统性教育培训机构。例如，民间救援组织在社会救灾中扮演的角色愈发重要，但目前它没有一个统一有序的对口管理机构，相关教育培训对口单位也是缺失的。

政府层面应急管理内容包括政府应急管理者基本素质培养、西方应急管理概论、应急预案编制与实施、应急演练设计与实施、家庭及社区管理、应急救援组织与管理、避险场所规划与管理、应急指挥与决策、应急资源管理、应急信息与沟通、应急法律法规基本知识、应急管理案例分析、工业安全技术概论、事故处置基本流程等；企业层面应急管理内容包括企业应急管理者基本素质培养、企业应急管理概论、企业应急预案编制与实战、企业应急演练设计与实战、企业安全社区建设实务、企业安全文化建设实务、企业突发事故现场应急处置技能、企业突发事故应急指挥与决策、企业应急资源管理、企业应急信息与沟通、企业应急心理干预、应急法律法规基本知识、企业应急管理案例分析、工业安全技术、事故处置技术等；社会层面应急管理内容是从应急志愿者及第一响应人的角度来设计的，主要针对民间救援组织和公众，具体包括应急志愿者基本素质素养、应急志愿者管理概论、应急管理概论、应急预案编制与实施、应急演练设计与实施、家庭及社区管理、民间救援组织与管理、避险场所规划与管理、民间救援组织指挥与决策等。

2.3　从科学应急到应急科学的认识转变

2.3.1　科学应急历程

2003年“非典”事件、2008年汶川地震等一系列突发事件的发生，暴露了我国应急管理的“短板”，加快了“一案三制”为核心的国家应急体系建设。在这个过程中，政府、企业、科研院所，乃至普通公众都日益关注如何有效防范应对突发事件，于是“科学应急”这个词语被提上日程。围绕什么是科学应急、为什么要科学应急、如何科学应急，涉应急的不同机构，尤其是应急教育机构，十多年来一直在积极探索解决方案。应急教育领域认为，科学应急是指有一套科学的应急理论方法来解决突发事件防范与处置等问题。按照这种逻辑，自2003年“非典”事件后，伴随“一案三制”为核心的国家应急体系的建立，一系列应急管理人才培养机构、教育培训机构、相关研究理论成果不断涌现，这些支撑了过去一段时期内科学应急工作的开展。

随后，日益频发的突发事件，不断暴露出既有的科学应急理论方法的缺失。例如现场指挥员人才培养的缺乏、基层应急工作不扎实等，这些现实困境印证了开展科学应急工作的现实迫切性。于是，如何科学应急对政府、企业及社会公众，尤其是对应急教育提出了挑战，科学应急工作的着力点聚焦到应急教育领域表现为能否给出一套科学有效的解决方案，应急管理学科建设被提上日程。我国自2005年才在河南理工大学开展应急管理学科本科教育。而且由于种种原因，应急管理学科本科教育在我国步履维艰，困难重重。今天的应急管理学科已在我国遍地开花，且在如何科学应急工作中扮演着重要角色。应急管理学科知识体系内容涉及应急管理基础科学问题、技术性问题及社会影响等问题。系统分析既往研究成果发现，造成对应急管理学科认识仁者见仁、智者见智现象的根本原因是学科体系内容涉及科学问题、技术问题及社会问题等。当前对应急管理学科知识体系进行的探索研究，大多将其中的科学问题、技术问题及社会问题等混为一谈，没有将应急管理作为一个学科在科学学层面进行深入探讨。从这个意义看，应急管理学科建构研究被学术界所关注，一系列成果陆续产出，这对科学应急工作的开展起到了巨大的推动作用。

2.3.2 从科学应急到应急科学的新转变

应急管理自2003年成为显学之后，经历了十几年快速发展，取得了许多研究成果，但同时也面临了国外经验不适、原创成果不足的困境，进入了应急管理理论发展停滞期。应急管理到底如何发展，应急管理向何处去等系列问题对学界提出很大挑战。在我国，安全学、灾害学等多个学科中都牵涉对应急问题的剖析，但较多偏重对应急某一方面的问题进行研究，具有局部性特点，缺乏整体性视角的探讨。此外，国内外不同学科都从各自学科阐释应急。迄今我国应急相关的实务部门尚难有一套成熟的应对灾难事件的成体系的理论、工具与方法，这也倒推应急管理学科重构。因此，实现从科学应急到应急科学，科学应急需要一整套融合自然科学、社会科学的跨学科体系支撑。本书提出并设计了涵盖应急科学、应急技术、应急工程、应急产业及应急管理五个分支学科方向的应急科学与工程学科知识体系框架，其终极目标是引起社会各界重视应急科学基础研究工作。这是实现从科学应急策略到应急科学基础研究的一次观念转变。

应急管理部的成立,成为社会关注的焦点。该部门整合消防、地震、安监等多部门的功能,实现社会应急资源配置的整体优化,立足有效应对重特大安全风险事件,给新时代应急管理工作带来了新契机、新挑战。新时代语境下,作为应急管理工作发展的新阶段,应急科学工作也有了新的特点。在总体国家安全观思想指导下,笔者认为应急科学工作的特点是"顶天立地"。其中,"顶天"是指国家安全利益高于一切,重视应急科学基础研究;"立地"是指人民群众安全感获得至关重要,应急科普应落地生根。具体说来,国家安全利益高于一切是指国家安全利益是保障一切实际工作的基石。若国家主权没有保障,何来应急科学工作的健康发展。重视应急科学基础研究是指虽然我国目前把应急产业作为关键新兴产业,但应急产业包括哪些内容、到底怎么兴办、着力点在哪里等问题,尚待探索。应急科学基础研究是应急产业自主创新的根基,加大该方面工作对于夯实应急科学工作,以及扩大应急产业战略格局意义重大。全面提升人民群众安全感是指国家安全利益和应急科学基础研究等"顶天"工作都是基于人民群众安全感的获得,人民群众没有安全感、人民群众不满意,就不能实现以人为本。应急科普落地生根与应急知识传播密切相关。应急知识只有逐渐传播出去,覆盖面才能更广、更有效。也就是说,让更多的人理解、掌握应急知识,让应急科普知识扎根基层,应急科普工作才更有意义。

由上可知,自2003年"非典"事件引起我国政府对应急管理的重视,到"一案三制"应急体系的构建,如何科学应急成为应急领域关注的焦点。总体国家安全观的提出,使应急管理学科发展进入新阶段,即应急科学与工程学科建设阶段。其中,重视应急科学基础研究工作成为新时代的新命题,如何做到应急科学工作的"顶天立地",如何从重视应急科学基础研究工作到应急科普工作落地生根,已成为新时代应急管理工作的新特征。

2.3.3 应急科学与工程发展历程

应急科学与工程知识体系包括应急科学、应急技术、应急工程、应急产业及应急管理等五个分支体系。五个分支体系对应急科学与工程教育形成有力的支撑。从纵向上看,应急科学与工程教育体系也包括从幼儿园、小学、中学到大学、研究生及社会等不同阶段的应急教育内容和维度。从横向上看,应急科学与工程教育体系包括应急科学教育、应急技术教育、应急工程教育、应急产业教育及应急管理教育等。

应急科学与工程的发展历史溯源包括国外和国内两个方面。国外应急科学与工程的发展历程大体分为三个阶段,即1945年(第二次世界大战结束)以前、

1945—2001 年(美国“9·11”恐怖袭击事件)、2001 年之后。第一个阶段,主要灾害或突发事件的呈现方式及特征为:水旱、地震、瘟疫、少见的事故、人类战争等;应对方式主要为工程措施和医学治疗等;应急科学与工程的发展形式呈现为一事一议、宗教组织作用、现代国家制度(立法、民防组织开创)等。第二阶段,主要灾害或突发事件的呈现方式及特征为:自然灾害、频发的技术灾难、公共卫生风险出现新特点(艾滋病)、恐怖主义;应对方式和应急科学与工程的发展形式呈现为民防到民事保护理念转变、法律法规确立、FEMA 成立、面向社区应急等措施得到重视。第三阶段,主要灾害或突发事件的呈现方式及特征为:高风险、新兴风险、风险全球化;应对方式和应急科学与工程的发展形式呈现为科学应对、工程减灾、综合应急、制度化、应急准备等。

中国应急科学与工程的发展历程大致包括五个阶段。

第一个阶段(1912 年以前)是指灿烂技术文化孕育应急技术体系形成阶段。这个阶段以大禹治水、都江堰减灾工程最为典范,体现了我国古代劳动人民在应急技术方面的原始创新思想。这一阶段,天人合一的安全思想观、救荒的管理机构、民间力量参与救荒都已呈现,我国在应急技术体系方面遥遥领先于世界各国。

第二个阶段(1912—1978 年)是指应急科学技术体系相辅发展阶段。这个阶段以科学技术被大量引入中国作为开启,在中华人民共和国成立后的工业化建设进程中,科学技术得以大力发展。这一时期,应急实践大多以应对自然灾害为主,兼顾事件灾难。“对口支援”“一方有难,八方支援”救灾模式初步形成。军队作为救灾的突击力量成为 1966 年邢台地震、1976 年唐山地震等灾害救助中急难险重任务的主要承担者。

第三阶段(1979—2003 年)是指应急科学技术与工程体系成建制亟待探索阶段。这一阶段,科学技术是第一生产力。科学推动着科学哲学、技术哲学、工程哲学的全面兴起与繁荣,科学学在指导学科教育方面凸显重要作用;随着中国改革开放大幕拉开,呈现出“经济为先的灾害管理”特征;侧重专项部门应急科学技术及工程研究,在单项灾害、区域综合灾害以及灾害理论、减灾对策、灾害保险等方面都取得了重要的研究成果;研究应急科学技术与工程基本规律的成果寥寥,直接影响了我国综合减灾的实质性进展步伐。

第四阶段(2004—2016 年)是指应急管理体系蓬勃发展阶段。2003 年“非典”事件加快了我国“一案三制”的应急体系建设,《国家突发公共事件总体应急预案》《“十一五”期间国家突发公共事件应急体系建设规划》《国务院关于全面加强应急管理工作的意见》《突发事件应对法》等系列纲领性文件和应急相关文件法规颁布实施;应急管理的本科教育陆续开展,例如河南理工大学、暨南大学等陆续开办相关本科教学;应急相关协会组织陆续成立,例如中国指挥与控制学会安全防护与应急管理专委会等。这一阶段应急工作以全面翻译介绍欧美应急管理为主,这些成果的翻译对目前我国应急体系设计仍有较大影响。

第五阶段(2017年至今)是指应急科学与工程学科体系被提出和探索阶段。应急科学与工程学科体系建设是应急工作发展的新阶段,也是我国应急管理工作落地的重要手段和方式。这个阶段发展时间不长,但成果涌现不少,诸如《应急管理学科重构的前沿思考》《应急科学与工程学科知识体系发展策略:应急科学学初步探索》《应急科学与工程学科体系认知框架下突发事件应急处置影响因素的几点思考》《应急管理部学科支撑探索:新时代的应急科学与工程学科体系建设面临的机遇与挑战》《徘徊在科学与工程之间的减灾专业:对应急科学与工程专业大学教育的几点思考》《应急科学与工程原理下应急场馆功能训练模块设计探索》等。应急科学与工程教育专刊出版(河南理工大学应急救援研究所与《安全》期刊合办了2017年第1期)、首届应急科学与工程体系暨应急教育研讨会在绵阳召开,开启了应急科学与工程教育研究的新篇章。应急管理部的成立预示着我国应急管理工作迈入新时代,应急科学与工程体系的五个分支(即应急科学、应急技术、应急工程、应急产业及应急管理)给出的不仅是学科架构探索,而且是一种分析突发事件应对的思维框架。应急科学与工程体系融入全民应急文化的思想理念为应急理论研究与实践探索提供了巨大创新空间。

2.4 本章小结

应急科学基础研究是应急科普工作的主要内容和前提。应急科学与工程学科体系为如何做好应急科学基础研究提供了科学的智力支持。

(1)在对国内外应急管理学科知识体系研究现状进行分析的基础上,采用STS教育理念,提炼出应急管理学科知识体系架构。

(2)提出融合并整合多个学科中涉应急问题的应急科学与工程学科的建设问题,阐释了开展该学科建设的可行性及现实意义,综合设计了应急科学与工程学科知识体系及分支学科方向,包括应急科学、应急技术、应急工程、应急产业及应急管理,并给出了各个分支学科方向的初步探索性设计思路。

(3)对国内外应急科学与工程教育发展历程进行了梳理与提炼,认为国外应急科学与工程的发展历程可分为三个阶段,每个阶段各具特征。国内应急科学与工程的发展历程可分为应急技术体系形成、应急科学技术体系相辅发展、应急科学技术与工程体系探索、应急管理体系蓬勃发展、应急科学与工程学科体系被提出与探索等五个阶段,每个阶段各具特征。

第3章

应急科普知识传播体系

在应急科学基础研究的基础上，使应急科普知识得以推广，让公众得以掌握，这是应急科普的落地终端。本章从我国中小学灾难求生科普传播策略、我国高校应急科普内容设置与推广策略、应急场馆功能训练模块设计、校园突发事件避难逃生及自救知识技能体系设计、小学生遇险求生场景脚本编写设计、双盲应急演练模式架构设计、灾难求生科普沉浸式教育方法等方面对应急科普知识传播中的传播主体与客体、媒介载体、工具方法等进行了系统研究。

3.1 我国中小学灾难求生科普传播策略

1976年的唐山地震和2008年的汶川地震给全社会应急救援最大的一个教训是，发生灾难后人员能否幸存下来很重要的一个因素是公众灾难求生意识和技能的好坏。这一问题说到底要归于灾难求生科普开展的程度如何。灾难求生自救是公众应对突发灾难最为关键的一环。开展灾难求生科普的重要性不言而喻，因此灾难求生科普陆续进入了不同层次的校园。灾难教育是一个从幼儿园、中小学到大学乃至日常生活的系统工程。其中，中小学灾难求生科普教育是核心。然而，当下中小学灾难求生科普恰恰是被忽视的环节。灾难求生科普已成为现代防灾减灾教育可操作的切入点。据此，本书以中小学（小学、初中及高中）三个不同阶段为时间尺度，系统探讨中小学推广灾难求生科普的意义、中小学推广灾难求生科普的困境、中小学灾难求生科普的内容以及传播策略等几个方面问题。希冀通过这样的研究，对我国中小学灾难求生科普有所裨益。

3.1.1 中小学推广灾难求生科普的意义

众所周知，我国国土面积广阔，地质地形复杂。内陆地区多发生泥石流、滑坡等地质灾害，临海地区则易发生台风、海啸等海洋灾害。我国不仅是世界上自然灾难多发的国家之一，更是遭受自然灾害损失严重的国家之一。据不完全统计，我国自1900年以来，死于地震的人数达55万之多，占全球地震死亡人数的53%。自1949年以来，我国已经经历了数百次地震，受灾面积巨大，对国家与人民的财产造成了巨大损失。地震威胁人们的人身安全，而洪涝灾害则严重威胁人们的财产安全。据报道，仅在2017年的前三季度地质与洪涝灾害就造成了直接经济损失1 737亿元，5 321.4万人受灾。更不用说在生活中因为一些疏忽而可能引起的火灾。[①] 据统计，我国每年火灾发生十万余起，造成的直接经济损失达数十亿元。如果能够在全社会范围内推广并完善我国的灾难求生科普，那么就可以减少人员伤亡，保护更多人的生命财产安全。

要推广灾难求生科普，最应该重视的阶段是小学、初中及高中阶段。这是因为，在灾难发生的时候，学校内学生的逃生能力越强就意味着学生在面临灾难时能够更好地保护自身的生命安全。推广灾难教育的成果，不妨看一看日本：日本是一个岛国，自然灾害较多，但是却很少因为自然灾难而出现重大伤亡的事情。

---

① 2017年前三季度全国自然灾害受灾人次达1.26亿[EB/OL].(2017-10-24)[2018-12-10]. http://www.gongyishibao.com/html/zhengcefagui/12684.html.

这是因为日本政府在日本国内大力推行灾难求生科普。追溯日本的灾难教育则要谈起1923年的关东大地震。这场地震造成日本死亡失踪人数达到了14万，自那时起日本开始逐步重视并完善灾难求生科普。可以看出，灾难求生科普的推广和完善极大地降低了日本在发生地震时的死亡人数，也证明了在全国之内完善推广灾难求生科普确实能够保障更多人的生命安全和国家的财产安全。

3.1.2 中小学推广灾难求生科普的困境

3.1.2.1 对灾难求生科普不够重视

灾难求生科普是灾难教育的核心，为什么现在很少有学校去推广灾难求生科普呢？灾难求生科普得不到足够重视是其中一个重要原因。从小学到高中，许多学校轻视灾难教育，许多学校仅仅是发一本灾难逃生宣传手册。这当然无法推动灾难教育的发展，更不要说去逐步完善逃生教育了。有一些学校只是单纯地举办逃生演练。甚至说，逃生演练只是一些学校为了完成相应指标而开展的一项活动，很少有学生和老师真正重视这项演练。在学校师生不重视、社会上也并没有形成重视灾难逃生氛围的情况下，推广灾难求生科普的困难不言而喻。

不重视灾难求生科普还有着其他方面的原因：首先，灾难求生科普在国内的发展情况并不乐观；其次，学生家长不够重视，认为学这些科普知识没有用；再次，学校、相关政府职能部门也不够重视，一般只是按照上级文件规定，安排学校开展一些应急演练。在整个社会都不重视灾难求生科普的情况下，其推广窘境可想而知。

3.1.2.2 多数人抱有侥幸心理

推广灾难求生科普的另一个难点是：中国地域辽阔，虽然常有各种自然灾害发生，但中国人口众多，约14亿人分布在约960万平方千米的土地上，每一个人一生又会有多大的概率能遇到威胁生命的灾难呢？这个概率无疑是很低的。于是多数人抱着这种侥幸心理，认为灾难求生科普没有用，但一旦遭遇突发灾难，则不知如何应对，后果难以预测。因此人们不应该认为地震、火灾、台风、连环车祸都是新闻报道里的事情，不应该抱有自己碰不到灾难的侥幸心理。

3.1.2.3 没有推广灾难求生科普的氛围

在整个社会中营造推广灾难求生科普氛围，看上去简单但如何操作却有难处。需要从社会到学校到社区，再到每一户家庭，逐渐宣传灾难求生科普及其重要性，让人们开始接触相关知识并逐步认可灾难求生科普。只有被越来越多的人认可，才能营造出一定的氛围，在推广灾难求生科普时才会遇到更小的阻力。

说推广灾难求生科普有难处则是因为如今对于灾难求生科普，大部分学校、社区和家庭很少重视它。没有重视灾难求生科普的氛围，自然身处其中的人们也不会重视这项工作，由此造成的直接后果是面对突发灾难时人们慌乱不堪，甚至可能失去生命。

3.1.2.4 灾难求生科普活动方式的问题颇多

目前我国中小学校开展灾难求生科普活动的方式存在一些问题。例如，千篇一律的灾难应急演练、安全讲座等，方式单调枯燥，丝毫不能引起学生的兴趣。另外，逃生演练的真实性缺乏难免会造成人们不重视。例如，在日本，每次进行应急演练时不会提前通知，而是临时通知。演练时要求所有师生一起参加。当广播通知地震发生的时候，全体师生会有秩序地按照学校教授的逃生方法趴到桌下，并用椅子抵住课桌，双手抱头，动作十分迅速。当火灾警报响起，所有的学生都能立刻拿出防火口罩，在老师的指引下，秩序井然地到达安全的地方。在我国也有数次在公共场合的预先不通知演练，效果却不尽人意。同时这种做法有些人持反对态度：在公共场合响起紧急警报进行演练可能会造成场面混乱，如果此时因人群推搡而出现踩踏伤亡事件，谁来负责？但是出现这种情况的原因也十分明了：国内的灾难求生科普制度不完善。如果能够完善推广灾难求生科普，哪怕是真正遇到了灾难也不会出现伤亡。[①] 汶川地震中被誉为“桑枣奇迹”的安县桑枣中学 2 200 余名师生全部安全逃出；玉树地震中玉树民族第一中学近 900 人无一伤亡。据调查得知，这两所学校平时十分重视灾难求生科普，并在应急演练中注重细节。警报声起，师生应该怎么做，哪个时间点相应的师生应该撤离到哪里等，这些事项在学校的演练安排中写得清清楚楚。另外，师生主观上也十分重视灾难逃生演练。说是奇迹，其实是学校重视推广灾难求生科普的结果。

3.1.2.5 灾难求生科普体系的不足和缺失

推广灾难求生科普只是暂时推广灾难教育的一种解决方法，而到最后一定要回归到灾难教育的整个体系上。如今在国内不仅仅是灾难教育体系不完善，与灾难教育相关联的其他教育体系也不完善。任何教育都应有一个完整的体系。这套体系需要有核心，也需要有其他内容。比如涉及经济、政治、科技、道德的课程等，这些课程能够激发学生的思考能力，而在遇到突发紧急事件时，保持镇静和独立思考的能力正是灾难求生不可或缺的要素之一。我国在灾难教育的理论研究和相关资料、灾难教育的技术、灾难教育的内容等方面都存在诸多不足。

---

① 王波. 我国中小学灾难教育存在的问题与对策[J]. 教学与管理，2009(25)：14-16.

3.1.3 中小学灾难求生科普的内容

3.1.3.1 小学灾难求生科普的内容

在小学阶段，学校开展灾难求生科普应该注意以下几点：首先，需要定期组织老师接受相关培训，清楚灾难求生科普在小学应该如何推广；其次，应做出能让学生初步接受灾难求生科普的教案，在课堂上围绕教案让学生清楚灾难求生科普的重要性，充分激发学生对这门课程的兴趣。

由于小学低年级和高年级学生的执行力差距较大，因此在低年级学生理解能力和执行能力都有限的情况下，应在讲解理论时用简单易懂的语言，让学生初步了解灾难自救，同时辅以面对灾难时的具体做法。另外，还可以另开课程或者在灾难课程中开始对学生进行一些浅显易懂的生命教育，让学生明白生命的重要性，从小培养学生对生命的敬畏和尊重。

对小学高年级学生，应该注重他们在灾难演练中自救的方法、方式问题。高年级学生的行动力较低年级会有较大的提高，应着重对学生讲解逃生自救的方法步骤。同时，在灾难演练的时候应告诉学生每个步骤的原因和利弊，让学生对灾难演练、灾难教育逐步培养兴趣，并起到一个让学生逐步重视灾难教育的效果。

3.1.3.2 初中灾难求生科普的内容

在初中阶段，不能单纯围绕着灾难求生科普的知识去教学，还应该重视学生的心理教育。当然在此阶段，灾难求生科普还是以教给学生如何在灾难中求生为主。这一阶段应该重视在灾难来临时如何选择正确的逃生自救方法。杜绝面临灾难脑海中只有一个“跑”字，却不知道跑到哪里的事件发生。同时，在初中阶段也应该培养学生的独立思考能力和实践应用能力。独立思考能力的培养，能够让学生学会在面临突发情况时不盲从，通过自己思考并结合所学知识能开辟一条逃生道路。实践应用能力可以让学生注重实践。“纸上得来终觉浅”，有些自救方法需要经过尝试才可以在真正面临灾难时更好地被运用。上述这些能力的培养，能够进一步完善推广灾难求生科普的效果。

3.1.3.3 高中灾难求生科普的内容

在高中阶段，需要将灾难求生科普的重点放在学生心理素质的教育上。学生心理素质差，则很可能经受不起各种挫折和创伤，而在面临灾难时要迅速镇定地找到逃生路线很重要的一点是需要有良好的心理素质。通过心理素质教育能提高学生的心理素质。心理素质教育不仅可以解决我国部分学生的心理问题，还可以以此来推广灾难教育。日本通过夏令营等各种活动，让学生运用在学校所学的灾难自救知识解决各种生存问题；告诉学生面对灾难应当勇敢，在灾难来临时积极面对远比消极逃避更有用。我国学校或许也可以从中汲取一些有益的做法，逐步加强对学生心理素质的教育。

当然，在高中阶段推广灾难求生科普更应该重视灾难逃生自救的方法，演练需要更加严谨。可以组织活动让学生自己设计并完善遇到各种灾难如何逃生的具体方法和路线，并验证所设计方法的可行性，这样更能够加强学生的安全意识；也可以邀请相关专家来举办讲座或对学生设计的方案的优缺点和改进措施进行点评，这样能够加强学生对灾难逃生的理解，使其在面临灾难时更容易逃生。

3.1.4 中小学灾难求生科普的传播策略

3.1.4.1 小学灾难求生科普的策略

在小学阶段推广灾难求生科普应将重点放在理论讲解上，并辅以各种活动。应做出一份能够让学生在课外举办活动的方案，通过活动激发低年级学生的兴趣；让学生练习一些基础的自救动作。学生在练习基础自救动作的时候应该有专门的老师监督，如果学生做得不到位则需要及时纠正。可让学生在游戏中接受灾难教育，同时在游戏活动中培养学生的组织性和纪律性。学生应知道，在面临紧急灾难时，听指挥、有纪律是成功逃生的前提条件。

在校园内，可以放大安全出口的标识，让学生能够进一步理解标识的意义。在课堂上可以将求生教育中的一些知识和学校里的场景相结合，比如在什么地方具体应该如何逃生，以加深学生对灾难教育的印象。可在教室里设置常用的自救展板，以便在下课的时候丰富学生的自救知识，营造一个良好的学习灾难求生科普知识的氛围。老师和学生一起制作与安全有关的手抄报，将所学的灾难求生知识现学现用，这也是一个好方法。

3.1.4.2 初中灾难求生科普的策略

在初中阶段推广灾难求生科普应将重点放在应急逃生演练上。学校应该具备举行较为正规的应急逃生演练的一系列流程和地点。在校内举行逃生演练可以让学生在遇到紧急事件的时候能够更加迅速地逃生。

当然，重视校园安全逃生演练只是其一，在课堂上应该通过各种方式逐步引导学生开阔思路。开阔思路不仅能够使学生解决学习上的各种问题，同时也能够进一步接受灾难教育。演练再多也还是演练，灾难的随机性和不确定性较强，需要师生通过学到的灾难求生科普知识来安全逃生。要做到这一点，需要师生将自己的思路完全打开，只是一味地照搬自己所学的知识，而不懂得变通，在灾难降临时安全逃生则是很难的。

拓展思路这里是指多想多做，不拘于一种思路。这里或许会有人问：这和灾难求生科普传播策略有什么关系吗？看上去没有关系，实际上是有一定关系的。因为能够开拓自己的思路在面临紧急情况或者危险时，就不再拘泥于原来的逃生方法了，会自己尝试着去自救。

3.1.4.3 高中灾难求生科普的策略

高中阶段不再需要大量推广灾难求生科普理论教育，需要培养学生的独立思考、实践应用和举一反三等能力。通过在学习生活中给学生更开阔的表达空间，鼓励每一个学生表达自己的想法、发散自己的思维、独立思考、讨论观点，开阔学生的眼界，使学生从中逐渐学会举一反三。在举行课外活动或者开办讲座时，不仅仅只是口头描述，也应该进行实践。没有实践，仅靠理论是远远不够的。学校可以通过和消防等相关部门相结合，通过学生参观、教师详细讲解、学生动手尝试等方式举办求生演练方法等活动，让每一位学生都可以进行理论和实践相结合。并且在理论和实践相结合之后，学生之前学习理论时的疑惑会迎刃而解，会清楚自救方法的利弊，这也将进一步丰富和完善灾难教育内容。

在小学、初中及高中阶段推广灾难求生科普有一些共同点。要坚持贯彻落实灾难求生演练，使小学、初中、高中的标准和要求逐步提升，杜绝不重视灾难演练，将演练当儿戏的情况出现。随着学生年龄的增长，学校应该提供一些有关灾难求生科普的书籍，营造灾难教育的氛围，有了这些才可以让学生主动了解灾难求生科普知识，在紧急情况发生的时候能够及时自救。此外，有条件的学生可以在保证安全的前提下参加一个救援队的义务志愿活动，通过实践亲身体验灾难的严重性，提升对灾难求生科普的重视度。

3.2 我国高校应急科普内容设置与推广策略

我国自2003年“非典”事件以来，陆续颁布了《国家突发公共事件总体应急预案》《突发事件应对法》《突发事件应急预案管理办法》等一系列应急法律法规。在我国政府和有关部门的领导下，我国处理突发事件的应急能力在逐年提升，表现为建立了突发事件应急处置组织机构；有关部门和机构利用互联网、电视、报纸、自媒体、广播、图书等多种媒介宣传突发事件预防与应急、自救与互救等应急科普知识；有些学校将应急科普纳入常规的教学工作中，以提高学生在面对突发事件时的应急能力和应急素质。总的来说，我国目前的应急科普工作已经跨过了萌芽期，正在实行从点到面的飞跃。显然，应急科普是一项量大面广的社会性工作，绝非某个部门、少数专职人员所能完成的。大量应急科普工作的布局是否能够起到实质性的成效，最终让人们了解且能够熟练掌握逃生自救与互救技能？是否能够在一次次的应急科普宣传工作中提高人们的综合应急科学素养？至少就目前来看，我国应急科普工作并没有收到理想的效果。例如，李晔霖等人认为，70%以上的受访者对不同地震强度可能造成的影响有一定的了解，绝大多数受访者能够对地震谣言进行辨别，75%以上的受访者在地震被埋时具备一定的自救常识。但必须注意的是，在防震前期准备和突遇地震时如何有效地避免伤害这一问题上，总体来看广州市居民防震减灾意识淡薄相关，相关基本知识掌握不牢，在突遇地震时难以及时实施自救。例如，89.5%的受访者平时没有准备地震紧急逃生用品，67.2%受访者没去过地震应急避难场所。[①] 广州作为国家一线城市，其应急知识的普及效果并不理想，并且在突发事件越来越频繁的今天，应急科普工作仍然是一个需要迅速推进的工作。

高校汇聚了未来建设祖国的人才。近年来随着我国经济的不断发展和快速进步，经济转轨和社会转型都迎来了历史性的一刻。古今中外国家和社会的转型期无不是社会冲突最显著和最频繁的时期。社会冲突的不断层集，会耗费巨大的社会成本，在一定程度上会影响国家的进一步繁荣和社会稳定。同时，近年来不断发生的环境灾害和生态灾难给人们美好的生活出了一道难题，例如：地震、洪水、泥石流、台风等使人们在面对突如其来的灾难时，往往会因为缺乏自救互救的逃生技能而表现出手足无措。例如"11·14"上海商学院火灾中的四名女生，在面对熊熊大火时，并没能沉着冷静地予以应对，而是在手忙脚乱中选择从六楼纵身跳下，四个年轻的生命在火灾中凋零。由此可以看出，即使是受过良好教育的人也并不一定能够在面临突发灾难时顺利逃生。科学逃生必须建立在自身良好的心理素质和对生命有正确认识的基础之上。所有能够在应急状态下帮助人们顺利逃脱困境的特质或能力应该成为应急科普内容中必不可少的部分。应急科普目前普遍存在两个问题：一个是社会上应急科普的范畴还不够宽泛，用简单的自救互救逃生技能等生存教育和一些科普知识内容来搪塞应急科普这项严肃而繁杂的工作的现象依然存在；另一个是社会中的应急科普的程度相较于一些国家还有待加强。科技创新、科学普及是实现创新发展的两翼，要把科学普及放在与科技创新同等重要的位置。科学普及有时仍仅仅作为宣传的口号被提及，操作性不强，并没有起到它应有的作用。如果说科技创新是国家大兴科学的硬实力，那么科学普及则是国家大兴科学的软实力。科学普及是国家在部署科技创新驱动未来社会的战略性举措。

---

① 李晔霖，胡坚鑫，谢舜光，等．广州防震减灾普及宣传工作现状调查及对策研究[J]．华南地震，2013，33(2)：84-92.

建立在上述认识的意义上，笔者基于应急管理方面的系统知识，对高校环境进行仔细分析之后，认为应将高校作为国家大兴应急科普之风的支点，构建出了高校应急科普体系的框架，并就如何推广高校应急科普的内容给出了自己的建议或想法，希冀这样的研究工作能为完善高校安全应急理论体系做一些有益的尝试和探索。

3.2.1 高校推广应急科普内容的基础

3.2.1.1 高校具备丰富的人力资源，与社会之间存在良性反馈关系

我国每年约有800万高校毕业生踏入社会。每一个在校大学生在接受了系统的应急科普知识学习和适当的实践之后，会比文化程度较低的人能够更加迅速地将这些知识内化；同时，如果在一次性学完之后却并没有经常性地对应急知识进行巩固，那么应急能力则会随着时间而逐渐降低。在高校推广应急科普内容，可以将高校的人力资源利用起来。社会上应急科普的内需与高校可用的潜在应急科普人员之间的合理配置将会壮大应急科普工作者队伍，弥补目前科普工作者较少的缺陷，提升应急科普工作者的整体形象和素质。

在高校推广应急科普内容，首先必须由当地政府联合学校做牵头工作，明确政府和学校在应急科普工作中的角色定位及相应的职责分担，制定并完善适合当地地域特色的应急科普内容，拒绝盲目地将应急科普内容一把抓，要做到输送给公众的东西正是公众最需要和最想要的。在推广应急科普时应做到科学组织和科学调度。地方政府联合当地科协在遵照国家关于应急科普相关政策法规的条件下，应制定出符合当地实际情况的应急科普宣传实施细则。其次，高校应急科普工作者的定位要明确，应急科普工作者工作制度要明晰。高校虽有丰富的人力资源，但是如果没有一定制度的鼓励和约束，则难以调动广大高校人力资源的积极性。高校学生的应急科普工作可采用高校志愿服务的形式。这种志愿服务可以当作是学生的社会实习或是学校应急科普学习中基础课程里面的要求。

大学生是即将踏入社会建设国家的工程师。他们会进入社会的各行各业，把在大学里所学到的知识和技能运用到工作中。他们中的每一个人都像一处光源，将自身知识的光照射到社会中的知识盲区。在一些农村和欠发达地区，大学生尤为受人们尊重，因为大学生给社会带去的是积极的形象。在这个基础上，大学生可以借助这种良好的社会形象来开展应急科普工作并将此工作推广开来。考虑到大学生这个团体与社会之间的这种良性反馈关系，可以将高校作为应急科普宣传工作的切入口和突破口。高校丰富的人力资源能够对推广和传播应急科普知识起到重要作用。

3.2.1.2 高校具备将应急科普内容实训化、演练化、创新化的学习环境

学习环境是一种支持学习者进行建构性学习的各种学习资源的组合。其中，学习资源不仅包括信息资源、认知工具、人类教师等物理资源，还包括任务情景等资源。学习环境是学习者共同体一起学习或相互支持的空间。学习者控制学习活动，并且运用信息资源和知识建构工具来解决问题。学习环境是学习者能找到充分的信息资源和教育辅助手段的地方。借助学习环境，学习者能够有机会根据自身情况及与他人的关系去构建定向基础，决定他们将介入的活动与目标。

综合以上可知，学习环境包括支持学生进行建构性学习的各种资源和教育辅助手段。区别于中小学的学习环境和学习方法，高校的学习环境和学习方法在形式上发生了一定的变化。考虑到中小学学生安全的需要，我国中小学的学习环境，绝大多数是封闭的。但是较为封闭的学习环境并不适于应急科普工作的实训化作业，并且由于受中小学学习方法的限制，在中小学多以开展应急科普知识的理论化学习为主。站在中小学学生的角度，仅在理论层面的学习不仅会增加学生学习的疲倦感，久而久之，还可能会让他们产生一种厌学情绪。

高校是最接近社会的一个学习场所。为了让高校学生毕业后更好地适应社会并融入社会，高校鼓励学生走出学校进入社会。大多数高校学生对事物的认知开始由理论学习模式转向理论、实践、自主创新相结合的新模式；加上高校有比较多的自由时间，并且增加了一些相对灵活多样的学习方式，致使更多的人愿意花时间在一些除课本知识以外的学习内容上，这些足以看出高校学习环境的开放性、包容性、主动性。同时，高校可以凭借自身优势引入一些社会资源，例如邀请企业宣讲团驻校宣讲应急科普知识，邀请地方科协、政府等相关的人员进校开讲，联合地方消防、地震、环保、卫生等相关机构开展联合演练活动，等等。除此之外，高校还可以邀请科协、科普志愿者团队、公益社会组织等进校与学生联合创作一些与时俱进且符合当地特色的应急科普文化宣传产品或工艺品，或者是在高校联合举办以应急科普为主题的文艺晚会，等等。如今在国家大力倡导“大众创业，万众创新”的新形势下，国家出台了一系列鼓励在校大学生创新创业的政策。同时，高校定期会有关于创新创业的项目申请、论坛、比赛等。将应急科普内容引入高校，让大学生去自主发掘促进应急科普工作的新模式、新方法等，假以时日，应急科普的内容将会在高校创新创业的环境下变得更具时代性和创新性。

3.2.2 高校推广应急科普内容的困境

3.2.2.1 缺乏建立高校应急科普力量的政策、资金支持

目前，在我国高校存在重视科研而轻视教学的现象。在有些高校，花同等的

时间和精力，科研比教学可能带来更多的经济报酬。许多老师也正是在这种利益的驱使下不重视自己的教学工作。另外，一些高校想通过科研成果来提升自己的竞争力和知名度，因此在一些高校逐渐形成了一种以科研为主的现象。在教学师资力量本来就较薄弱的情况下，高校缺少应急管理专业方面的教师。我国高校应急管理专业发展较晚，2005 年河南理工大学招收我国第一批公共安全管理专业方面的本科生，这是我国应急管理方向的专业在本科阶段的发展开端。在接下来的十几年间，应急管理专业在本科阶段设立的学校屈指可数，可见应急管理在我国高校还没有得到较好发展。应急管理在我国的发展直接决定了我国高校应急管理专业人才的发展，进而会阻碍应急科普工作在高校的顺利推行。由此可见，在我国高校形成具有一定专业能力的应急科普团队存在难度，这也是在高校落实应急科普工作的难点。如果政府出台相应鼓励政策，并提供适当资金支持，再加上学校的有意引导，更多的教师就会慢慢进入应急科普的队伍中来。目前，相关鼓励政策的缺失，相应资金支持的不足，致使高校应急科普工作的开展举步维艰。

3.2.2.2 相应教育氛围的缺失致使高校应急科普教育难以推广

重理论轻实践、重记忆轻思考等教育观念不利于培养学生生活技能方面的兴趣，易于让学生形成应试教育下的思维和生活习惯。高校具备一定开展应急科普的条件和能力，是培养应急能力较好的学习阶段，学校平时也少不了开展一些应急科普方面的活动；但是应急科普教育氛围的缺失一直延续到了高校，再加上学生本来就是从这种教育氛围中成长过来，即使是在参与应急科普的活动，有的人也只是当作了一场娱乐性质的活动来对待，基本上没有从一次次活动中提高自己的应急能力和应急素质。高校的应急科普资源是比较多的，但宽松的高校学习环境却又成了学生轻视应急意识培养的阻碍。高校在开展应急科普方面的宣讲活动时，有时只是为了应付上级检查，或者仅仅是为完成上级教育部门强行下达的指标，因此相关科普活动举行得一般较为仓促和简单。学校没有把科普活动重视起来，很难保证高校老师会在这个过程中花太多心思，学生在学习过程中的好奇心和主动性也就会大打折扣。如果高校、家庭、社会都没有给学生营造一种培养应急文化的氛围，那么学生很难有较高的应急能力和应急素质。

3.2.2.3 只靠自己过去的经验判断遭遇灾难事件的可能

美国从 20 世纪黄石公园火灾事件以后已开始重视应急能力建设，故“9・11”恐怖袭击事件发生时，再次面临巨大突发灾难时能够迅速开展应急工作。不管是黄石公园火灾，还是“9・11”恐怖袭击事件，或是后来的卡特里娜飓风，等等，正如塔勒布在《黑天鹅》一书中讲到的，环境比人们意识到的更为复杂，现代世界被不经常发生及很少发生的事件所左右，它会在无数白天鹅之后抛出一只黑天鹅。① 人们生命中的灾难事件就像是人生中的黑天鹅，它会在人们靠经验生活的无数个白天鹅般的日子里，偶尔出现一只黑天鹅。虽然这些事情很少发生，但是对人们的生活却有很大的影响。塔勒布在书中主张通过预测的方式来防范突发灾难的出现，但人们没有那么多精力去时时刻刻防范突发灾难事件。人们只有通过学习一些应对突发灾难事件的应急技能，并在学校和社会的安全文化宣传中提高自己的安全意识，才能在面对突发灾难事件的时候妥善解决问题。如果只靠过去自己的经验生活并不在为未知的灾难思考和准备，那么当灾难来临的那一刻，或许才会明白简单的应急技能在关键时刻的重要性。

3.2.3 高校应急科普的内容

在高校开展应急科普，系统性应急科普内容的构建和设置是基础。应急科普内容不仅应包括面对突发灾难事件时必要的逃生自救互救技能，还应包括面对突发灾难事件时良好的心理素质、灵活善变的思考方式、充足的体能、坚定的生存信念等一切能够帮助学生顺利处理并安全转移的特质或能力。在设置高校应急科普内容时，笔者进行了系统、全面的情景化代入思考，并广泛收集相关资料，避免忽视一些能提高学生综合应急能力的内容。应急科普的目的是为了增加人们在突发灾难中的存活率，而一切能够达到这个目的的相关内容都应该在被考虑范围之内。

马斯洛需求层次理论把需求依次从低层次到较高层次分为生理需求、安全需求、爱和归属感、尊重和自我实现等五类。应急科普教育作为特殊背景下满足学生安全需求的一种教育形式与手段，同样呈现出递进发展的形态。应急科普教育应依次满足如下五种需求：满足学生正确认识自己生命的需求，满足学生面对突发灾难时极力生存的需求，满足学生面对突发灾难时良好心理的需求，满足学生面对突发灾难时正确思想认识的需求，满足学生在突发灾难中表现出来的社会价值需求。对于学生遭遇突发灾难时表现出来的五种需求，与其配置的学校应急科普教育依次是应急生命教育、应急生存教育、应急心理教育、应急思想政治教育、应急社会教育等五个层次。②

3.2.3.1 应急生命教育

应急生命教育是为了让学生在生活中树立对生命正确的认知观念，并让学生了解可能威胁到生命安全的各种突发灾难的特点和影响；进而让学生在遭遇

---

① 塔勒布. 黑天鹅[M]. 万丹，刘宁，译. 北京：中信出版社：2011. 51.

② 李蔚然. 基于社会热点焦点问题的高校应急教育探析[J]. 湖北社会科学，2012(11)：179-181.

突发灾难时，能够迅速地对突发灾难有一个基本认识，以便采取自救互救等逃生应对措施。另外，在对各种灾难比较了解的前提下，当学生遭遇到灾难时，清晰的认识会激发并增加他们努力求生的欲望，进而增加他们存活的概率。在应急生命教育的整个过程中，应教导学生正确认识个体生命的价值，在生活中要尊重每一个生命，热心帮扶他人，避免学生在遭遇灾难或挫折时产生脆弱心理甚至是轻生念头。

高校应急生命教育可以依托高校大学生新生军训和体育课来开展。新生军训和体育课是每个大学生的必修课。新生军训作为大学第一课，是培养大学生安全意识的发端期。军训期间的应急生命教育的具体活动形式较多，例如组织学生参观应急科普体验馆了解各种灾难，邀请相关专家进行知识讲解，或是组织集体观看关于应急生命教育的纪录片，等等。当然，体能训练是必不可少，因为良好的体能作为一种应急生命教育在逃生自救互救过程中尤其重要。可通过种类多样、精彩纷呈的活动给高校学生呈现一个立体、形象的应急生命教育样式。新生军训作为高校学生进入大学的第一堂应急生命教育课，由于教育内容较多，并非通过几个星期的新生军训就能保证每个学生有一个清晰的认识。因此，体育课可以作为将应急生命教育精细化、延续化、规范化的一个载体，践行着像新生军训一样为应急生命教育继续服务的功能。

3.2.3.2 应急生存教育

应急生存教育是通过系统性的理论知识学习加上情景化的实战演练模拟来增强学生基础性的应急知识储备并提高学生的应急反应能力、应急处理能力、应急决策能力等综合应急能力和素质。

高校应急生存教育可以依托“灾难逃生自救互救技能”课程来开展。该课程可以拆分成理论学习和实践模拟学习两部分，对应到课程表中就是传统的课堂学习和课程实习。

传统的课堂学习包含了应对各种突发灾难的应急技能及在各种潜在可能情况下这些技能实施的差异性。课堂学习中不仅要对应对各种突发灾难的应急技能有所了解，各高校还要结合当地地理情况、交通情况、气候情况、卫生情况、宗教情况等各种可能造成突发灾难事件的地域特点，有针对性地开发出一套具有地域特点的高校应急生存教育课程，最大限度地让学生对应急技能的各种使用方法从认识到掌握，从浅显到深入，循序渐进展开学习。同时，课堂学习过程中还可以引入当时的相关焦点热点问题。从对焦点热点问题的解剖入手，有选择性地代入式讲解，不仅能增加课堂的兴趣点，还能激发学生上课的热情，同时也丰富了课程内容的学习。这样系统、立体的课程学习对于后面应急技能课程实习的顺利开展提供了支持。

课程实习是一个从学会到实用、从理论到实践、从知道到领会、从二维平面到三维立体的转换过程。通过情景化的实践学习可以让学生对应对各种灾难事件的大致过程有一个情景记忆。当学生再次面对类似的突发灾难时,会根据自己课程实习时的经历反射出记忆,然后迅速作出应对。这样的情景化学习不仅能逼真展现突发灾难中各种可能出现的状况,进行详细的应对工作,而且能够让学生的记忆时间延长。课程实习的形式可以是在户外进行角色扮演模拟突发灾难发生时的应急行为,然后通过学生、老师的评估进行适当的调整;也可以是到应急科普体验馆中体验灾难发生时的各种突发状况,加深学生的情景记忆;还可以是借助学校电脑等设备指导学生在网上模拟操作遭遇不同场所、不同地区、不同气候的突发灾难时的各种逃生自救技能,然后通过网上提交,老师会对每个学生的错误操作进行纠正,等等。在课程实习中,不管是采用何种方式进行实习,每一种方式学习完,老师一定要对学生的实习结果进行评定,以及时让学生大体评估自己的应急能力,使学生有针对性地加以提高。

3.2.3.3 应急心理教育

应急心理教育是通过科学合理的方法培养学生在面对突发灾难时能够自行通过心理调整克服心理上的恐慌和焦虑等不良情绪,提高自身综合心理素质,避免因消极情绪而导致更严重的后果。通过应急心理教育还可以对处在突发灾难情况下的其他人进行心理辅导和积极干预,让更多的人也能在面对突发灾难时保持良好的应急心理状况。

高校应急心理教育可以依托"大学生心理健康教育"这门课程来开展。该课程可以选修课的形式来进行。该课程在应急科普教育方面的内容至少要包括两部分内容。

一是通过系统的课程来消除学生的心理负担。心理上的恐惧和焦虑等不良情绪的出现会妨碍学生提高应急素质。潜在的、持久的心理压力有时候来源于学生对突发灾难的模糊认识,再加上突发灾难的紧迫性营造出的紧张氛围,心理素质不好的人很容易出现心态崩溃,从而会影响自身独立思考并作出决策的速度。所以说,应急心理教育并非简单地进行心理辅导就能做好的。为了培养学生的独立思考能力,可为学生提供涉及多个领域的课程,比如涉及经济、政治、科技、道德的课程等。这些课程在小学、初中就开始为学生提供。虽没有专门的提及灾难逃生,但是无可否认的是,这些课程发展了学生的思考能力。在遇到突发紧急事件时,保持镇静和独立思考的能力正是自我保护不可或缺的要素之一。

二是通过正确适当的心理干预引导学生从当下正在发生或刚刚发生的事件所产生的恐惧和焦虑的心理向健康积极的方向发展。高校学生多是刚刚成年的青年，对当下正在发生的灾难事件难免会产生焦虑或恐惧心理。如果这种情绪不及时通过心理干预来引导，很可能在此类灾难再次出现时学生会产生同样的情绪，进而采取消极的措施来面对，并且这种郁结在心中的消极情绪会影响学生的正常生活。该类心理课程应该以调适和体验为主，并努力做到课内加课外、教育与指导、咨询与服务密切配合。

3.2.3.4 应急思想政治教育

应急思想政治教育是通过正确的思想引导和政治教育让学生树立良好的科学应急的思想政治观念，应急生命教育、应急生存教育、应急心理教育的开展消除了学生科学认知的障碍与心理上的消极状态，为应急思想政治教育提供了良好的教育基础，突发灾难事件为应急思想政治教育提供了动态的、现实的教育环境，有助于应急思想政治教育功能最大限度的发挥。高校应急思想政治教育有利于学生在面对因突发灾难导致的舆论或谣言时树立正确的政治观念，不信谣、不传谣。在一次次经历灾难事件过后，学生自身的心理素质会逐渐提高，大学生群体也会慢慢培养共同的意识理念，这也有效遏制了灾难事件发生时谣言的产生和传播。

高校应急思想政治教育可以依托“军事理论教育”和“思想政治教育”两门课程来开展。“军事理论教育”这门课程在应急科普教育方面的教学内容可以通过两种形式开展：课堂意识形态的学习和爱国教育基地的实地参观学习。课堂意识形态的学习更多的趋向于国防意识和国防教育知识的学习，可以通过书面讲解、观看影视电影等形式对国家的一些发展动态、国家和国际安全形势、国防政策进行解读。此外，可以通过参观爱国教育基地了解国家软硬件设施建设能力和国防能力，增进自己对国家的感情。“军事理论教育”课程的结课方式可以是开放式的论文写作，例如谈自己对未来国家安全的思考、对未来国际安全形势变化的认识等。“思想政治教育”这门课程在应急科普教育方面的学习内容是指导学生强化科学应急的思想观念，通过发挥思想政治教育的导向与保证功能，将学生的不良想法和错误政治观念消除在萌芽阶段。“思想政治教育”课程的教学形式可以是课堂讲解、专家讲座、宣传手册等，其课程形式既要具有多样性，也要具有创新性。“思想政治教育”本来就是一门比较枯燥的课程，若是按照传统的教育方式，其学习效果将会大打折扣，因此更要在教育内容上突出参与性、趣味性和互动性。

3.2.3.5 应急社会教育

应急社会教育是指通过使学生参加学校教育之外的系列社会活动来增强学生的社会责任意识，培养学生面对突发灾难时的社会服务意识。在这个自然灾害等突发灾难较为频繁的时代，大学生需要充满社会责任意识，在危急关头应挺身而出，实现自我的人生价值。因此，及时恰当的应急社会教育显得尤为重要。

应急社会教育主要依托一些社会活动来进行，例如社区义工、山区支教、社会扶贫扶困活动等均可作为这个教育板块的内容。社会活动的获得，可以与校、院青年志愿者协会对接。青年志愿者协会里面经常会有一些类似的活动，例如去老年人大学支教、去附近小学支教等；又或者可以与校外一些社会组织、公益团体、企业公司等联系，以此来增加活动的多样性，以期让学生从丰富多彩的应急社会教育社会活动中获得乐趣；还可以是高校学生自己组织策划的社会活动，例如面对因自然灾害导致的附近农田灾害问题时，学生可以自发组织利用专业优势提供相应的帮助，或是为灾区策划一场大型的公益募捐活动，等等。高校学生在参加社会活动时，不仅会提高自己的社会责任意识，也会从中获得社会认同，实现自我价值。

3.2.4 高校推广应急科普内容的难点

高校应急科普内容的框架已经形成，但是当真正地去操作和推广的时候，可能会遇到以下一些困难。

3.2.4.1 如何说服管理者大力推动该项工作，是推广过程中的根本性难题

这里所说的管理者包括学校和政府。单纯地让学校或政府去做这项工作，难度较大，而且这个困难的解决与否直接关系到科普工作是否能够顺利开展。虽然是在谈高校应急科普内容，但是高校应急科普内容的发展和推广如果没有政府的政策和资金支持，一些学校就会失去推广应急科普内容的主动性，这会让应急科普工作的效果大打折扣。因与政绩考核的标准相关，应急科普作为一项隐形指标，难以直观发现和评估应急科普水平的好坏。这一问题的解决还需对相关政绩考核指标进行适当调整，以满足应急科普在政策中受到一定重视。只有政府真正重视，学校才能真正落实好应急科普工作。当然，在推广操作的整个过程当中，高校要充当应急科普工作的主体，政府应该提供能力范围内的帮助。

笔者设想了一种合作模式，希冀能有利于管理者推动这项工作。政府提供一定的资金和相应的政策支持学校进行应急科普人才的培养和系列应急科普资源的开发，形成一套比较成熟的应急科普政策保障体系。学校要向政府承诺培养出来的应急科普人才要为社会应急科普工作出一份力。在高校，应急科普工作取得一定成效后，志愿报名参加社会应急科普宣传的学生和老师会主动在学校周边或更远地区开展应急科普工作。对于志愿报名的师生，学校应采取一定的奖励措施，以提高高校师生的主动性。对于老师来说，应急科普工作可以作为评定职称的一个参考性指标，或是作为区分同等评定资格老师的一个参考性指

标，等等。对于学生来说，应急科普工作可以作为评优评先的一个参考性指标，或是以课外素质拓展成绩的形式对学生的志愿工作表示肯定和奖励。

3.2.4.2 如何评价师生满意度以及高校应急科普工作的实施效果

应急科普工作不是一门具体的课程，无法简单看出工作成效。这如同在一场讲座过后，无法直接得知学生对讲座内容的掌握程度一样。要想知道学生的掌握情况，则需要做一些工作。例如可以通过随机抽样调查了解学生自己的自评后，大概分析出整场讲座下来学生的掌握情况。及时得知师生满意度不仅能够看到阶段性工作的成效，而且在师生满意度比较低的时候，可以及时发现问题并以最快的速度变更教学计划，以便制定出一套最符合各自高校情况的应急科普内容体系。对于高校应急科普实施效果的评价方法，可以采用问卷调查的方式进行。问卷调查的内容应包括对被调查者自身掌握情况的概率评价、对自身学习到的技能方法能够发挥实际用处的概率评价、自身认为应急科普内容需要作出调整的地方及建议等其他对应急科普工作具有实质性参考意义的调查问题均可作为问卷内容。问卷的填写者应该是有学习应急科普内容经历的师生。应该用科学合理的分析方法综合分析问卷答案。最后的问卷分析结果就是应急科普内容实施效果的评价结果。

3.2.4.3 如何推动高校应急科普资源共享共用平台和机制建设

笔者认为，处于同一地区（这个地区范围可以市级为单位）的高校可以联合开发出一套适合当地特点的应急科普教育内容和体系，这样既能集中更多应急科普方面的优秀人才做好一件事，又能较好地控制应急科普内容的开发成本，并且能保证开发出来的应急科普内容是比较丰富和详细的，基本上能满足高校学生的需求。在高校建立一个信息和数据的一级中转站便形成了一个一级网络，负责实时收集并整合各个高校的应急科普工作动态并统一发布，以便其他高校及时共享。高校所在省市及该省的其他市区也可借鉴这种模式建立相应的应急科普共享共用平台和相关机制。各省之间的高校应急科普资源实现共享，高校应急科普资源共建共享平台和机制基本建立。建成如此纷繁浩大的工程，至少需要以下力量支持：首先需要国家层面的政策和资金支持，国家层面出台大致建设方针和主要框架；其次是在地方政府和高校层面的落地工作要做好；最后，地方政府还要将国家政策传达给基层，以此来动员高校师生和应急科普工作建设者认真贯彻。

3.2.5 高校应急科普内容推广策略

高校应急科普工作可以分为理论部分和实践部分，科普工作的思路是从理论到实践。高校学生在进入大学之前的学习中,大多以理论学习为主。尽管某些中小学里面也有类似的演练活动,但由于没有专业人士对活动效果进行评估,每一次演练过后无法较好地从中反馈出有意义的建议和改进措施。

3.2.5.1 实战化演练应情景化、标准化、预见化

情景化是指,在高校学生系统学习应急科普内容的同时,学校要引导学生做好、做精、做实每一场实践活动或是演练活动,关注每一场活动中的每一个细节;尽最大努力还原灾难情景,让学生通过每一场近乎真实的活动提高自己的情景记忆能力,以便再次遭遇突发灾难时,学生能够迅速从记忆中调出以往的演练经历来应对。例如在一场高楼突发火灾的逃生演练活动中,可以用烟幕弹来模拟火灾产生的烟气,或者将某些逃生出口关闭来模拟火灾引起的逃生出口毁坏,等等。

标准化是指应保证整个实战演练活动的完整性。例如可以根据标准演练活动文件中的详细程序来操作,防止遗漏某些重点内容;在一场演练活动完了之后,请相关专家学者对演练活动进行点评。点评内容包括整个演练活动的流畅性、被困人员逃生方式方法的正确性、救灾人员的专业性、各救援部门的衔接性等。点评旨在消化每一场演练活动,让每一个认真参与其中的人有所收获,并为下一次演练活动积累经验。

预见化是指在每一次实战化演练活动中,要尽可能地让活动中任何一个环节都有意义,对于类似的突发灾难要具有实用性和借鉴意义;要根据各自高校所处环境构建有针对性的实战化演练,避免演练活动内容的空洞化和陈腐化,更不能盲目地照搬照抄别人的演练脚本。

3.2.5.2 理论学习要趋于多学科融合

多学科融合会增加学生学习的兴趣点。专业知识的学习使学生产生了疲劳感,他们需要从其他学科中寻找学习的兴趣。此时,多学科融合的应急科普学习理念会促使学生主动靠近各个学科的知识。当学生接触了多个学科之后,多学科交融的认知系统会使他们对问题的基本认知变得更加清晰,会让他们形成习惯于多种不同学科的思考方式。同时,这种镶嵌式的理论知识学习有助于深刻记忆。学生可以根据自己的兴趣和爱好自主选择一个或多个其他学科进行学习。学习方式主要以网络课程为主,这样可以扩大可供选择课程的范围。学生可以自选授课时间,课程性质以选修课为主,允许学生在多学科的学习过程中自主设计学习计划,这些是为了提高学生的学习主动性和参与性。在老师理论教学的时候,应鼓励老师合作教学、协同教学。在单一学科的知识体系里会涉及其他学科的内容,应急科普这项综合性很强的工作正是如此。老师自身应跨越学

科壁垒，主动邀请其他学科老师协作教学，共同负责一个学习群体。

3.3 应急场馆功能训练模块设计

应急场馆是应急训练基地的一种重要呈现形式，现已成为应急教育培训的重要场地。高新科技日益发展，借助高科技开展应急场馆建设已成为时代需求。目前，突发事件频发，新兴风险难以预测，这使开展具有针对性、有效性的应急教育培训工作充满了挑战。笔者搜寻了大量的相关资料后发现，目前我国专门对应急教育培训事业的研究非常少，能够结合现代科技的相关研究也较少。在人们生活中，发生的事故灾难的数量大得惊人。据公安部消防局官方数据显示，2016 年，全国共接报火灾 31.2 万起，死亡 1 582 人，受伤 1 065 人，直接财产损失 37.2 亿元；①2015 年，全国共接报火灾 34.7 万起，死亡 1 899 人，受伤 1 213 人，直接财产损失 43.6 亿元；②2014 年，全国共接报火灾 39.5 万起，死亡 1 815 人，受伤 1 513 人，直接财产损失 47.0 亿元。③ 据国家统计局统计数据显示，2016 年全国交通事故发生数共计 21.3 万起，死亡人数共计 6.3 万人，受伤人数共计 22.6 万人，直接财产损失共计 12.1 亿元；2015 年全国交通事故发生数共计 18.8 万起，死亡人数共计 5.8 万人，受伤人数共计 20.0 万人，直接财产损失共计 10.4 亿元。④ 由上述数据可以看出，仅就火灾和交通事故的发生数量来说，虽有逐年下降的趋势，但所带来的生命财产损失仍是巨大的。另外，台风、洪涝、地震等自然灾害，传染病疫情、食品安全等公共卫生事件都会给人民群众的生命财产带来重大损失。究其原因，有不可控的天灾，更有人消极的应急意识和行为、对自救和互救知识的缺乏等。因此，对社会群体进行必要的应急教育培训工作具有现实意义。本书依据现代科技融入应急教育培训事业的理念，通过应急场馆的建设让人们产生身临其境的感觉，提高人们的应急意识，使人们学习并掌握求生知识。

---

① 2016 年全国火灾情况分析[EB/OL].(2017-06-22)[2018-08-20]. http://www.119.gov.cn/xiaofang/nbnj/34601.htm.

② 2015 年全国火灾情况分析[EB/OL].(2017-03-04)[2018-08-20]. http://www.119.gov.cn/xiaofang/nbnj/34149.htm.

③ 2014 年全国火灾情况分析[EB/OL].(2017-03-04)[2018-08-20]. http://www.119.gov.cn/xiaofang/nbnj/34148.htm.

④ 数据来源于国家统计局官方网站，网址为 http://data.stats.gov.cn/easyquery.htm? cn=C01&zb=A0S0D01&sj=2016.

3.3.1 我国应急教育培训事业的现状分析

目前，我国应急教育培养的对象主要包括两大群体：学生群体和非学生群体。学生群体主要是从学校的教育规范中获取一定的应急知识。获取知识的形式多表现为口授教育模式，内容多而繁杂，缺少趣味性，偶尔也应相关制度要求进行几次演练，但大多流于形式，缺少专业性和实用性。非学生群体主要是通过政府及公益组织的宣传、个人参加公共安全培训班、利用当地已有的各类相关展馆等方式。非学生群体参与方式较为丰富且相对更具有实用性，但需要一定的个人主动性，否则难以保证每个人都能从中受益。

近年，部分地区有了较为创新的做法。比如：2018 年 1 月天津市新河街消防体验馆正式运行；2018 年 6 月金华市首个面向社会免费开放的交通安防体验馆在浦江建成启用；2018 年 6 月陕西省第一座依靠社会投资的地震科普体验馆在安康落成。这些专项体验馆都对公共安全教育事业作出了很大贡献，但其均不具备全面性，没有完全发挥出体验馆应有的作用。即使在全国范围内，较为综合的应急场馆也实为少数，且没有一个科学合理的建设标准。另外，随着互联网因素的渗透，人们获取信息的渠道也更为多样，比如微信公众号、百度搜索、新闻专栏等。这些便利的渠道促使人们学到更多的应急知识。

总体来说，我国社会应急教育培训事业的发展程度相对以前已经有了较大幅度的提升，包括教育规范的提高、相应制度上的改进、科技上的进步等。这不仅是各类严重事故灾难屡次发生促进的结果，更是我国人民群众对安全需求日益增长的结果。当然，我国应急教育培训事业仍有待进一步发展。

3.3.2 应急场馆建设方案设计

为了有效提高人们的公共应急意识以重视身边的不安全因素，增强人们应对事故灾难的能力以减少灾中生命财产的损失，笔者基于应急科学与工程五个分支体系，提出了符合我国现阶段的公共安全应急场馆建设方案，以期能促进我国公共安全教育事业的发展。本设计方案不是简单地将各个体验区陈列出来，因为那样会让整个学习过程变得相对枯燥乏味。本设计方案主张将各个体验区通过设置某些情节来建立一定的联系，形成具有一定逻辑性的整体。

3.3.2.1 设计原理及整体架构

应急场馆设计遵循应急科学与工程体系，即应急科学、应急技术、应急工程、应急产业及应急管理五位一体理论，从基本科学理论、基本实验、求生技术、应急产品设计、应急设施勘察设计、应急产业市场化融入以及应急规划管理整体等方面把政府、企业、社会、家庭等不同组织的群体行为纳入其中加以考虑，实现从基础科学研究、技术转化到工程产业落地实施一体化，最终实现应急场馆兼顾应急演练、应急教育培训、应急产业市场化等元素的持续长效机制。

遵循应急科学与工程原理，应急场馆共分为八个板块（见图 3.1），分别包括地震屋、消防屋、台风海啸屋、交通屋（陆）、交通屋（海）、交通屋（空）、综合知识区以及 VR（虚拟实境）绝地逃生走廊等，这些板块通过一定的情节可实现有机结合。

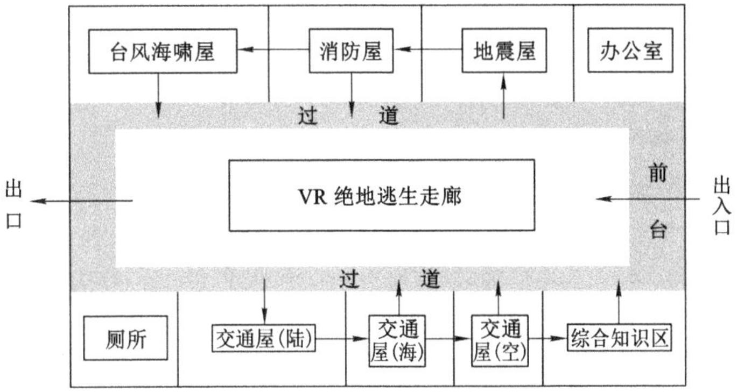

图 3.1 应急场馆整体构架

例如，某人正在家中睡觉，突然地动山摇，发生了地震。所幸此人反应及时，沉着冷静，快速躲到了坚实物下方免受了被砸到的风险（地震屋）。正当此人感到万幸的时候，突然发现地震导致家中电路损坏发生了火灾，此时只好实施灭火或者逃出去，灭火成功或者成功逃出房屋（消防屋）。正当此人又一次感到万幸的时候，突然发现天气不对，骤雨忽停，高云出现。雷雨停止、日落时出现特殊晚霞，这一切都符合台风将要到来的迹象，此人只好为台风的到来做准备。可是祸不单行，刚刚发生了地震还有将要发生的台风，根据掌握的知识他预料洪水也将要发生（台风海啸屋）。此时他想要以一切可能的方式离开这个危险之地，于是带上必要的行李物品准备驱车离开。一路上艰难重重，他经历了海陆空三道关卡（三种交通屋）才成功逃生。这样的情节设计就把前七个板块融入了一个故事里面，不仅使学习过程变得更加有趣，还有助于体验者的记忆理解。到达第八个板块（综合知识区）时，体验者可以通过特定设备回顾前七个板块所练习的内容以加深理解和记忆，还可以自行学习或由专业人员指导学习一些感兴趣的急救知识，比如心肺复苏术、烫伤处理法、伤口包扎等。

针对图 3.1，有两点需要注意：第一，本例场景在现实中一般不会发生，甚至还出现了一些不合理的情节，但这并不影响体验者去学习相关知识和掌握相关技能，反而会让体验者更有兴致去尝试体验。因为重点在于情节的设计将学习过程变得更有趣且不失知识点的融入。第二，上述设定的场景中需要一个特定设备。该设备需要对体验者的体验过程实现全程跟踪记录。比如体验者可以领取一个编号，在进行每一项体验时输入此编号，最后在第八个板块的电脑控制显示器再次输入本编号便可以查询自己本次体验所学习到的知识点和重点标识的体验失误的相关知识点。另外，可以将领取编号更改为刷脸、录指纹、录声音均可以达到同等效果；或者制作不同类型的卡片，每张卡片内置特定的体验方案。体验者仅需手持卡片在进入体验馆时刷一次，到第八个板块时再刷一次，便可以实现上述同等效果。

3.3.2.2 建设标准

应急场馆分为三个等级。一级场馆包括安全生产、家居安全、其他灾难三方面的应急体验，场馆面积应≥1 600 m^2，至少应设置一间面积不小于 60 m^2 的会议室、一间面积不小于 50 m^2 的办公室、一个不小于 80 m^2 的厕所，至少应配置 1 名馆长、3 名场馆主任、9 名专业培训人员、6 名技术维护人员、3 名前台服务人员、3 名清洁人员、若干名其他人员。二级场馆包括家居安全、其他灾难两方面的应急体验，场馆面积应≥1 100 m^2，至少应设置一间面积不小于 50 m^2 的会议室、一间面积不小于 40 m^2 的办公室、一个不小于 50 m^2 的厕所，至少应配置 1 名馆长、2 名场馆主任、6 名专业培训人员、4 名技术维护人员、2 名前台服务人员、2 名清洁人员、若干名其他人员。三级场馆包括其他灾难的应急体验，场馆面积应≥600 m^2，至少应设置一间面积不小于 30 m^2 的办公室、一个不小于 30 m^2 的厕所，至少应配置 1 名馆长、3 名专业培训人员、2 名技术维护人员、1 名前台服务人员、1 名清洁人员、若干名其他人员。另外，应急体验馆的建设还须符合《建筑给水排水设计规范》(GB 50015—2003)、《建筑设计防火规范》(GB 50016—2014)、《采暖通风与空气调节设计规范》(GB 50019—2003)等相关国标规范。

本例按照三级场馆的建设标准提出建设方案。场地整体面积为 600 m^2 (30 m×20 m)。其中，办公室面积为 36 m^2(6 m×6 m)，地震屋面积为 42 m^2 (7 m×6 m)，消防屋面积为 42 m^2(7 m×6 m)，台风海啸屋面积为 60 m^2(10 m×6 m)，厕所面积为 36 m^2(6 m×6 m)，交通屋(陆)面积为 48 m^2(8 m×6 m)，交通屋(海)面积为 36 m^2(6 m×6 m)，交通屋(空)面积为 18 m^2(3 m×6 m)，综合知识区面积为 42 m^2(7 m×6 m)；过道宽 1.2 m；VR 绝地逃生走廊面积为 151.2 m^2 (27 m×5.6 m)。每个子板块的位置设置如图 3.1 所示，其中箭头的方向表示体验者可走动的方向，即入口—地震屋—消防屋(过道)—台风海啸屋(过道)—过道—交通屋(陆)(出口)—交通屋(海)(过道)—交通屋(空)(过道)—综合知识区(过道)—出入口(过道)—VR 绝地逃生走廊—出口。

3.3.3 应急场馆具体模块设计

3.3.3.1 地震屋

地震屋内含有地震模拟试验台1个，电脑控制显示器3个，VR地震体验台1个，屋内墙壁可用来展示地震相关知识。

地震模拟试验台主要通过地震模型使体验者理解地震的成因及危害程度，清楚地震时什么类型的建筑物容易或不容易倒塌，什么类型的地质更加抗震以及地震发生前会有什么自然征兆等。电脑控制显示器应实现以下基本功能：地震相关知识查询、地震避灾动画演示、地震不同场景的逃生通关游戏等。VR地震体验台是本板块的重点内容。体验者进行体验之前可以先利用电脑控制器查询相关避灾知识或观看避灾动画或玩几次逃生通关游戏以做准备工作，然后带上VR设备进入体验台。体验台会通过VR设备模拟地震场景，并发出相应的立体场景声音，模仿地震晃动。当场景中有东西砸落下来，体验者需要进行闪躲，若闪躲不到位，感应器会作出警示反应；当体验者需要躲到某个相对安全的位置时，若体验者没有躲避或躲到错误位置，感应器会作出警示反应。本次场景体验完毕时，电脑会根据体验者的失误次数及严重程度作出是否成功逃生的判断。场景选择分为简单、中等、困难三个级别，简单场景设置的危险点相对较少且伴随语音指导，中等场景设置的危险点较多且伴随语音指导，困难场景设置的危险点较多且不伴随语音指导。

3.3.3.2 消防屋

消防屋内包括模拟报警系统1个，模拟灭火系统1个，起火成因及灭火试验台1个，电脑控制显示器3个，VR火场逃生体验台1个，屋内墙壁可用来展示火灾相关知识。

模拟报警系统可用来锻炼体验者报警时的描述能力。该系统会提出不同的发生地点及不同的火灾发生原因等，体验者需要流畅地报出正确的信息，系统会根据体验者的表现智能判断体验者所报信息是否合格。模拟灭火系统可以让体验者学会如何使用灭火器等灭火工具。灭火试验台可以让体验者明白在什么情况下火灾容易发生，不同物质引起的火灾应该采取何种措施灭火更有效。电脑控制显示器应实现以下基本功能：火灾相关知识查询、火灾灭火及逃生动画演示、火灾不同场景的逃生通关游戏等。VR火场逃生体验台与VR地震体验台相似，可模拟火灾场景并可发出立体场景声音。体验者需要利用场景中现有的道具进行逃生，且对道具的操作应规范。本次场景体验完毕，电脑会判断出体验者是否逃生成功。场景选择仍分为简单、中等、困难三个级别，体验者可以根据自己对火场逃生知识了解的程度选择适合自己的场景难度。

3.3.3.3　台风海啸屋

台风海啸屋内包括台风模拟试验台 1 个，海啸模拟试验台 1 个，电脑控制显示器 3 个，台风海啸体验台 1 个，屋内墙壁可用来展示台风海啸相关知识。

台风模拟试验台主要实现台风成因解释，使体验者理解台风来临前的征兆，清楚台风发生时哪些东西可以作为遮蔽物、哪些东西容易倒塌不能作为遮蔽物等；海啸模拟试验台可进行海啸成因解释，使体验者理解海啸来临前的征兆，清楚海啸发生时怎样才能最大限度地减少危险。电脑控制显示器应实现以下基本功能：台风海啸相关知识查询、台风海啸避灾动画演示、不同场景的逃生通关游戏。台风海啸体验台重在体验情景氛围，大场面加之物理特效更能让人感到震撼，内部设置模拟的海边护栏，四周 3D 投影海边场景，再配合高品质的音响，雨水、闪电、乌云等物理特效，使人感觉仿佛站在海边看到台风海啸的发生。洪水场景与海啸场景相似，可以通过电脑控制实现转换。

3.3.3.4　交通屋(陆、海、空)

交通类事故在生活中较为常见且造成的人员死亡率较高。因交通工具较为复杂多样，故将交通屋分为陆、海、空三个子板块。其中，陆交通屋应包括陆地交通工具模拟驾驶台 1 个，模拟撞击台 1 个，电脑控制显示器 3 个，VR 车祸逃生体验台 1 个；海交通屋应包括航海工具模拟驾驶台 1 个，电脑控制显示器 1 个，VR 海上灾难逃生体验台 1 个；空交通屋应包括电脑控制器 1 个，跳伞操作实验台 1 个。交通屋内的墙壁可用来展示交通相关知识。

陆地交通工具模拟驾驶台包括模拟自行车、电动车、摩托车、汽车、货车驾驶，并可以模拟醉驾状态。模拟撞击台可以让体验者感受到不同驾驶工具分别在不同速度时的瞬间撞击力。电脑控制显示器可以查询交通相关知识，观看陆地交通车祸逃生动画演示，操作不同场景的逃生通关游戏。VR 车祸逃生体验台可以体验各种车祸故障的发生场景，比如汽货车相撞、公交车相撞、地铁故障、火车故障等。航海交通工具模拟驾驶台包括木舟、机动船、快艇等的驾驶模拟。VR 海上灾难逃生体验台主要让体验者学会利用有限的空间和资源尽量获得生存机会。跳伞操作实验台主要用来锻炼体验者跳伞的规范性。

3.3.3.5　综合知识区

综合知识区板块包含的内容较多，配置电脑控制显示器 4 个，心肺复苏仪器 2 个，多媒体设备 1 个，应急包 1 个，各种其他应急工具若干，专业教学人员 1 名。

电脑控制显示器的作用是供体验者复习本次体验所学习到的知识点，并使体验者清楚哪些知识点是自己没有掌握牢固的。心肺复苏仪器需由专业教学人员演示操作。该仪器能够感应到操作者的操作规范性并给出打分判定。多媒体设备供教学人员教学使用，例如心肺复苏技术教学、烫伤处理方法教学、伤口包扎技术教学等。应急包可向体验者展示其内部应该具备哪些物品。各种应急工具供教学人员演示使用和体验者练习使用，例如消防绳索、伤口包扎绷带、应急小锤等。

3.3.3.6 VR绝地逃生走廊

VR绝地逃生走廊板块的作用是检测体验者对应急综合知识的掌握程度。体验者可以通过VR设备选择不同的情景设定，每个情景都是一个完整的故事。每个故事都会把地震、火灾、海啸等事故灾难融入一起，而故事的主角便是体验者自己。具体故事的设置可以参考板块设定部分。当体验者通过整个走廊后，可以在走廊末端电脑设备上查看自己是否已经成功逃生，并形成本次逃生报告分析。

3.3.4 对未来应急科学教育培训事业发展的期望与设想

随着科技的发展，教育方式也随之发生改变。就目前的科技发展水平而言，对公共安全的教育培训事业的上述体验式教学基本是可以实现的，即无论从技术层面、还是从经济层面都是可以做到的。未来它能发展到什么程度呢？

现在已经有了一种新技术——全息影像技术，但是由于经济成本较高，并没有得到全面普及，只有在大型舞台或者军事领域应用较为广泛。这种技术一旦应用在公共安全教育事业上，必定会带来较好的效果。比如，狂风暴雨会以立体的形象呈现在眼前，雷鸣闪电的场景逼真地呈现，再加上立体音效、物理降水和模拟台风，会使人产生身临其境的感觉。而目前的二维影像效果，即使带上3D眼镜，屏幕再大，物理效果再逼真，那些能看得见的设备总会告诉人们这一切都是屏幕里面的内容而已。

另外，因为网游对人们具有一定的吸引力，所以笔者试想如果能够将事故灾难知识融入网游之中，那该会是一个什么样的体验？当然，如果仅是这种结合，对体验者来说还只是屏幕上的虚幻而已，所以还可以将它与上述的全息影像技术相结合，创造出一款真人版全息影像绝地逃亡游戏。这样既可以增强游戏体验，又可以掌握应急知识，还可以锻炼身体素质，而不再像如今的鼠标屏幕游戏仅仅是动动手指和眼睛而已。这也许是未来的一种发展趋势。

3.4 校园突发事件避难逃生及自救知识技能体系设计

不同领域，灾难日益发生。同时，几次大的灾难表明，单靠外界救援力量搜救受难者，效果并不理想。国外有关研究显示，人们普遍缺乏应急准备和逃生自救的知识与技能。国内外针对校园灾难逃生自救的人群认知进行的相关调查，结果并不乐观。校园是人群密集区域，一旦发生地震、火灾等灾难，大批量人群如何逃生自救是非常复杂的问题。目前我国尚未建立校园灾难逃生及自救知识技能体系。建立该体系迫切需要了解校园人群对灾难逃生自救知识及技能掌握程度。为此，笔者在大量研读灾难逃生自救等相关文献的基础上，结合大学校园安全教育实际情况，提出构建灾难逃生及自救知识技能体系的框架，希冀通过这样一个研究工作能为完善校园职业安全健康理论体系做一些有益的尝试和探索。

3.4.1 遵循的基本原则

3.4.1.1 生命第一，逃生有效

应急救援理念认为，遭遇突发灾难后，救人是首位的，抢救财物是第二位的。因此，应把以人为本原则放在应急救援的首要位置。可见，校园突发实际现场受灾人员一定要把握好避难逃生自救时机，综合考虑灾害现场的环境条件，及时撤离灾害危险地带。

3.4.1.2 自救与互救相结合

针对突发事件现场，受灾人群不仅要尽快逃生，还应积极帮助年老、体弱、患病、残疾、孕妇、儿童等弱势群体逃生，否则会造成践踏、逃生通道堵塞等二次灾害发生。

3.4.1.3 逃生与抢险处置相结合

有时候突发事件的后果并不确定，因此为防止造成破坏性后果，在现场允许的情况下，应尽量消除险情，延缓突发事件发生的时间，减轻灾害发生的规模。

3.4.2 政府、高等院校、民间组织等角色定位分析

目前在我国，灾难逃生及自救知识技能体系尚未建立，也没有相关法律法规出台。在系统把握校园突发事件避难逃生及自救知识技能体系提出基本原则的基础上，笔者在自身从事“灾难逃生自救技能”“应急搜寻及救援”等课程教学及相关科研课题研究的基础上，设计了避难逃生及自救知识技能体系。首先，需要做好政府层面的顶层设计，包括出台政策、制度，设置管理机构，如何运行操作等。除了政府机构外，可考虑组建或鼓励民间救援组织来参与这一工作。这就涉及民间组织需要如何做，需要成立哪些机构，如何运行操作等系统问题。此外，高等院校作为拥有培训教育优势资源的单位，自身角色该如何定位，如何与政府、民间相关组织协调各自角色关系等都是需要全面考虑的。在理顺政府机

构、民间机构及高等院校等机构关系的基础上，应进一步理顺自救体系的内容有哪些、如何归类，以及分行业、分区域、分人群等进行技能培训等问题。

政府层面的顶层设计方面可以在相关机构、协会组织等协同沟通的基础上，邀请从事校园突发事件的相关专家、政府相关主管部门等共同进行探讨。比如可以由国务院或民政部牵头，成立国家层面校园突发事件避难逃生及自救技能委员会，该委员会包括国家层面教育部、交通部等所有能涉及突发公共事件的部委局；在各省成立对应级别的委员会等；出台相关配套政策文件、制度等。

除了政府层面机构外，可考虑组建或鼓励民间救援组织来参与这一工作。目前户外救援、旅游救援、山地救援等民间组织如雨后春笋般建立起来。目前尚未有对这些民间组织进行管理的政府主管部门，这造成了各个民间救援组织管理的混乱。事实上，许多户外救援组织的救援能力很强，许多救援队员都是避难逃生自救方面的行家里手。应考虑由政府出面成立相应主管户外救援组织的政府办事机构，赋予户外救援组织进行校园突发事件避难逃生自救技能服务的功能。这样既补充了校园突发事件避难逃生自救技能培训师资的不足，又使这类组织能够参与政府公益工作。

高等院校作为拥有教育资源的机构，自身角色该如何定位，如何与政府、民间相关组织协调各自角色关系，也是值得探索的。可考虑选择一部分高校开设“灾难逃生自救技能”课程试点工作，强化校园突发事件避难逃生技能实训；在一定程度上打破原有教学方式，强化学生的参与程度。目前对课改构成较大阻碍的是实训层面该如何做。要想学到真本领，必须有情景学习，这也是应急科普工作下一步要积极推动的工作。现场真实情景将更有利于取得好的学习效果，当然投入也会更大。

3.4.3 避难逃生及自救知识技能体系内容设计

情景学习理论认为，学习不仅是一个个体性的意义建构的心理过程，更是一个社会性的、实践性的、以差异资源为中介的参与过程。简单来说，情景学习是指把将要学习的知识、技能置于一定的应用情景中进行学习的一种学习方式。也就是说，要学习的知识将会被实际应用在什么情景中，那么就应该在什么样的情景中学习这些知识。建立在情景学习理念的基础上，避难逃生及自救知识技能体系构建需要让参与学习的教师、学生、相关现场救援人员等均参与到技能学习情景中来，实现教学过程中教师、学生乃至救护人员共同参与学习的目的。立足情景学习理论视角，在文献资料梳理的基础上，笔者认为应考虑与地震、煤矿及消防等救援实战部门合作进行现场情景模拟设定。通过虚拟场景与现场救援情景的协同模拟，使学生及相关受训人员掌握该课程体系技能操练的各个环节。

首先，应建设应急搜救技能课程体系情景模拟数据库。结合地震、煤矿及消防等实战部门现场救援情况，搜集应急搜救技能课程体系情景模拟资料，建立若干技能课程情景模拟数据库并进行分类。情景模拟数据库可分为：应急搜救装备操练情景模拟数据库、应急医疗救护情景模拟数据库、应急预案及演练情景模拟数据库、应急避难情景模拟数据库及应急信息沟通情景模拟数据库。

其次，应初步掌握应急搜救技能课程体系情景模拟数据库的应用。掌握应急搜救装备操练情景模拟数据库、应急医疗救护情景模拟数据库、应急预案及演练情景模拟数据库、应急避难情景模拟数据库及应急信息沟通情景模拟数据库等的技能理论储备内容及具体操作方法。

最后，针对校园人群，可以从应急培训教育、应急预案编制及演练、应急心理干预等三个方面开展技能培训。基本实训技能项目具体内容见表 3.1。

表 3.1　基本实训技能项目

技能分类		技能项目内容
应急培训教育知识技能	基本自救技能	基本医疗救护、心肺复苏、野外生存、GPS(全球定位系统)应用、无线电通信、户外绳结、攀岩速降、地形图判读基本技能、基本搜救技能
	不同行业他救技能	地震救援、户外救援、公路救援、水上救援、航空救援、深井救援、隧道救援、危险化学品救援、铁路救援、雪灾救援、家庭救援等
应急预案编制及演练技能	应急预案技能	风险源识别及评估技能、应急预案编制方法、应急预案实施技术、应急预案评估技术等
	应急演练技能	应急演练规划设计、桌面演练规划设计与实施、功能演练规划设计与实施、应急救援与指挥决策技能、应急避难避险技能
应急心理干预技能		基础心理学技能、基本应急心理干预技能、基本灾后心理恢复技能、应急救援人员心理测评技能、基本救援人员生理测评技能

应借助应急技能实训、应急模拟演练以及应急心理干预等来提升校园人群应对突发事件的应急技能水平，应建立一套适合校园突发事件的避难逃生及自救知识技能实训体系。

3.4.3.1　应急培训教育知识技能

灾难逃生自救技能是门技术活，依靠单纯的宣传教育是不行的。笔者建议借鉴城市搜救及户外救援基本培训技能知识内容，完善校园突发事件避难逃生及自救知识技能体系。针对培训问题，有多种培训方式。例如培训室讲解、现场示范、虚拟现实场景参与等，这三种培训方式所带来的不同理念分别是："告诉我，我可能会忘记""演示给我看，我可能会记住""让我身临其中，我可能会理解"。因此，如何提高培训教育效果是需要系统考虑的。另外，时下如何建设企业安全文化有两条途径：一种是自上而下进行宣传教育，营造安全氛围；一种是自下而上进行行为矫正训练，强化行为习惯。开展校园突发事件避难逃生培训也可以参考上述各种方式。

3.4.3.2　应急预案编制及演练技能

在系统掌握应急预案编制，并结合大量案例分析的基础上，构建校园突发事件应急情景，实现包含应急演练规划准备、实施操作及演练效果评估等内容的全过程演练。其中，侧重点是应急演练实施操作及应急演练效果评估。应急演练的操作过程与演练效果是紧密相关的。

1. 演练规划准备

演练规划准备包括组织机构准备和规划设计准备。组织机构准备主要是组织准备，即成立演练指挥组、后勤保障组、参演组及评估组等；规划设计准备主要是制定演练规划、编制演练方案、编写演练文件等。

2. 演练实施操作

演练实施操作包括桌面演练、功能演练及综合演练。桌面演练以应急预案为核心形成应急演练模板，在此基础上编写桌面演练总体设计脚本和参演角色脚本。功能演练基于应急演练脚本，使桌面演练更具实战性。综合演练是在功能演练的技术基础上，将应急预案涉及的部门、人员、装备等应急资源按照事件发生时可能的情况来设计仿真校园突发事件情景，对应急预案中的多项或全部应急响应功能进行接近实战的现场应急演练。

3. 演练效果评估

在常态行为安全观测的基础上，建立校园突发事件情景驱动机制下的参演人员应急行为观测技术体系，由观测评估人员根据桌面演练、功能演练、综合演练的表现进行汇总统计及反馈评估。

3.4.3.3　应急心理干预技能

在基本心理干预理论知识掌握的基础上，以校园突发事件受难人群为干预对象，构建校园突发事件应急心理干预综合体系，集个体、群体、组织三个层次，实现突发事件发生前预防、事中紧急干预与治疗、事后科学评估与调试等三项应急心理干预功能。

1. 心理干预的预防

心理干预的预防包括制定心理干预规划，确定心理干预组织，编写心理干预预防手册,设计心理干预预防实施计划,建立心理状况调查档案,确定心理干预培训内容,编写相关宣传手册,确定心理评估工具等。

2. 心理干预的过程

心理干预的过程主要包括三个环节:定期开展心理状况调查与评估,定期开展心理干预知识与技能培训工作;突发事件发生后的心理状况调查与评估;突发事件发生后的心理干预与治疗。

3. 心理干预效果的评估

建立干预前、干预中、干预后三级评估指标体系。由评估人员根据干预对象常态时的心理状况、突发事件发生后的心理状况及心理干预后的心理状况进行评价打分,形成定性定量相结合的总体评估结果。

3.5 小学生遇险求生场景脚本编写设计

近几年来,我国在校小学生人数不断增长。小学生群体因为规模之大、脆弱性较强而引起社会的广泛关注。自 1996 年起教育部、公安部、团中央、中国残联、全国少工委(中国少年先锋队全国工作委员会)等五部委联合发出通知,将每年 3 月最后一周的星期一定为全国中小学生安全教育日,以此降低各类突发事件的发生概率。中小学生安全教育日经过 20 余年的发展,在加强中小学生的安全教育方面起到了不可估量的作用。但是,近年来,小学生安全事故发生的概率呈现上升趋势,因学生安全事故影响青少年健康成长或导致学生与学校之间发生纠纷的事件日益增多。这一现象引起了党和政府的高度重视,并且受到社会及媒体的广泛关注。小学生刚跨过童年,步入少年。他们朝气蓬勃,对未来充满憧憬,是国家的未来,是中华民族的希望。他们能否健康成长,能否具备越来越高的综合素质,关系到国家和民族的前途和命运。从应急管理的角度来看,如果要让安全意识在孩子的脑海里留下深深的烙印,让安全教育贯穿孩子每一天的活动中,让孩子知道如何识别危险并在征服危险的过程中有效地保护自己,就要进行必要的小学生遇险求生场景应急演练脚本的编写设计。演练是一个部门内的重复性活动,是经常性的训练,是对突发事件发生后某些特殊行动或功能实施的练习。让小学生在遭遇险情后能进行快速反应成为一种常态化,让安全教育深入化,这是进行小学生遇险求生场景脚本编写设计研究的目的所在。

3.5.1 小学生安全事故类型分析

伴随着经济社会的发展,大数据、云计算也开始逐渐进入人们的生活。也正是伴随着这种科技的进步，非传统安全日益受到重视。党的十九大报告在部署社会治理机制建设的任务时提道：加强社会治理机制建设要做到加快社会治安防控体系建设，保护人民人身权、财产权、人格权；加强社会心理服务体系建设，培育自尊自信、理性和平、积极向上的社会心态。作为未来社会治理主体之一的小学生，其安全问题以及管理也逐渐呈现出全视域、全灾种、全过程的特点。小学生安全事故的类型主要包括以下几个方面。

3.5.1.1 溺水安全

夏季是小学生溺水事故的高发期。溺水事故发生的原因大都是学生在溪、河、湖、塘边玩耍或洗东西时，不慎掉进水中而造成溺水事故的发生。小学生因为缺乏相应的自救互救知识，灾难发生后，依靠自身往往无法挽回。

3.5.1.2 食品安全

由于知识水平和识别能力有限，小学生在不知情的情况下选择非正规厂家商品，或者误食某些食物导致食物中毒的事情时有发生。另外，一些餐饮的地方标准较低，加之小学生的脆弱性较强，所以常常引发食物中毒事件。

3.5.1.3 用电安全

一些家长或者学校对小学生的安全教育不到位，部分学生对用电知识了解不够，对电器的使用和操作不当，此类原因造成的用电安全事故时有发生。

3.5.1.4 交通安全

同用电安全一样，由于对小学生安全教育不到位、小学生安全意识缺乏导致交通安全发生的概率较大。

3.5.1.5 意外事故

意外事故的发生主要是由于其他人为原因造成的。例如，2016 年 11 月 25 日，一位疑为精神病患者的男子在陕西汉中一所小学附近手持斧头行凶。经了解，有七名孩子和两名大人被砍伤，伤者多为小学生。此类事故的发生具有不可预防性，所以必须做好相应的防范措施。

3.5.1.6 自然灾害

地震、滑坡、泥石流等自然灾害的发生是不可避免的，如何在这些灾害发生后提高自我保护能力，是值得思考的。

除上述内容以外，小学生安全事故的发生类型还涉及其他方面。为了有针对性地进行分析，本节从性质、事故类型、责任人等方面对小学生可能发生的安全事故类型进行分类，见表 3.2。

表 3.2 小学生安全事故类型分类

性质		事故类型	责任人	地点	举例
正常时间	正常地点	校园安全 用电安全 食品安全 自然灾害等	学校相关人员、教师、家长等	学校、家中等	在校期间发生群体性食物中毒等
	非正常地点	交通安全 意外安全 溺水安全等	学生个人、家长、相关人员等（活动的组织者）	校外、景区等	在校期间，学生参加学校组织外出活动。活动过程中因安全措施不到位导致交通事故或者其他意外伤害等
非正常时间	正常地点	交通安全 意外安全 食品安全	学生个人、家长等	平时经常到的地方，例如游乐场、商场等	小学生独自晚归可能发生被拐卖事故等
	非正常地点	用电安全 意外安全 交通安全 自然灾害 溺水安全等	学生个人、家长等	平时不经常到的地方，例如与小伙伴结伴到湖边等	小学生在没有成年人的陪伴下结伴或单独外出游玩发生意外事故等

表 3.2 用小学生可能发生安全事故的正常时间、非正常时间、正常地点、非正常地点等四个要素将小学生可能发生的安全事故进行分类，选择了用电安全、交通安全、食品安全、溺水安全等小学生安全事故类型发生概率较高的安全类型，明确了主要以家长、学校、学生个人为安全事故的责任人。基于此，本书进行了小学生遇险求生场景脚本编写设计。

3.5.2 小学生遇险求生场景脚本编写设计

脚本的编写、实施与演练可以为突发事件发生后的主体提供常态演练下快速能动的反应。小学生群体的生理、心理都处于发育期且脆弱性较强，这些特点都为编写一份全事故、全灾难、多主体的脚本提供了可能。脚本提供了接近真实的情景状态及基于最坏情景和复杂事件的设计，构建了此种环境下事件情景、责任人、资源、行动之间的协调关系。小学生遇险求生场景脚本设计的目的为：① 让受训小学生在碰到遇险场景后能够根据脚本以及演练实施后效果采取一系列适当的行动；② 提高小学生的安全意识；③ 发现学校、家长对小学生在安全教育方面各自的不足之处；④ 提高小学生安全教育的专业性、全面性。

3.5.2.1 情景构建

突发事件的情景构建是进行事故救援活动的基础和前提。随着经济社会的发展，传统安全问题与非传统安全问题的发生并举，人们已经逐渐形成了一套具有创新性的突发事件情景构建体系。脚本的编写在一定程度上是为演练服务的。依据演练指标在突发事件应对中的重要性，演练指标分为三个类别：A类指标是反映企业或者城市有效应对重大事件所必需的应急准备能力；B类指标是反映重要主体应对重大事件的应急响应能力；C类指标是反映企业或城市应对重大突发事件的应急准备能力。在小学生遇险场景脚本的设计中，学生遭遇险情下的应对能力分为三个等级：① 小学生的应急意识；② 日常应急教育能够应对突发事件的可能性；③ 小学生的遇险反应能力。结合我国演练实际，本书认为情景构建应满足以下三个条件。

（1）确定主体可能遇到的危险，可能发生的事故类型及后果，进行风险识别。例如，在企业中可能发生爆炸、人员伤亡、环境污染等事故。本节所构建的小学生遇险求生情景，见表3.3。

表3.3　小学生遇险求生情景

事故要件	情景信息要点
事件人物	小明；同班同学
地点设定	前期：校内；后期：校外
事件背景信息	近几年来，国家、社会、媒体越来越注重对小学生的安全教育，例如每年暑期来临之际，教育部、地方教育局都会向各个学校下发暑期安全教育的相关通知。虽然每学期学校都会以各种各样的形式进行安全教育活动，但是近年来小学生假期安全事故时有发生，这些事故牵动着每个人的心弦 2018年的暑假即将来临，今天（7月10日）是各位同学到校领取成绩单和学校颁发奖状的日子
事件初始信息	时间：7月10日上午8时 事件：小明没有要求父母送自己到学校，而是要求与小伙伴们结伴到学校。因为暑假将至，所以小明的父母今天给了小明比平时多的零花钱
演化过程	A：小明到校后，因为老师们还在开会，所以选择和同位们一起到操场上玩耍。在追逐打闹的过程中，小明不小心摔到了腿。因为当时没有明显的痛感（骨折），能进行正常的活动，所以小明没有告诉老师和家长 B：天气比较炎热，班会结束比较早。小明约上小伙伴们一起到距离学校比较近的湖边玩耍。因为今天父母给的零花钱比往日多，所以小明和同伴们在街边买了一堆食物（路边的三无食品可能会导致食物中毒） C：此时小明的腿有明显的痛感，所以小伙伴们分成两拨先后到湖边，一半的人先走到湖边，另外一半的人陪伴小明在后面慢慢走。由于孩子们的天性爱玩，所以走路的过程中互相打闹。突然一位骑电动车的老人从路口向他们冲了过来…… D：与此同时，先到湖边的孩子们因为贪玩，有一个孩子突然掉进了湖里……

(2) 所构建的情景应基于主体遭遇危险的真实性和演练需求，风险发生的级别应设计得适度且富有挑战性。危险的真实性是指所设计的情景真实发生过或可能发生，并在此基础上进行最坏情景设计。

(3) 基于复杂事件和最坏情景做好打算。突发事件的发生人们不可预测，演练是最接近于突发事件真实场景的一种形式。因此，脚本的设计要尽可能地穷尽主体在突发事件中可能遭遇的各种危险并做最坏结果打算。

按照上述思路，综合小学生的群体特点，在此部分脚本设计中本节构建了由事件背景信息、事件初始信息等组成的小学生遇险求生场景脚本。

3.5.2.2 脚本设计中的系列事件

在突发事件演练情景设计中，一旦情景构建结束，为了确保演练不间断地进行下去，应考虑系列后续事件设计。当然，这些事件的发生不是凭空捏造的，而是根据有关主体对类似事件的处置经验、同类事件发生的频率以及对突发事件中因主体事件可能造成的次生、衍生事件进行研究的基础上设计出来的。在演练脚本设计中，设计系列事件是十分必要的。系列事件的主要作用为：① 系列事件的设计是所构建的复杂情景的重要组成部分，它可以在突发事件发生后为事件所牵涉主体提供熟悉以及专业的自救互救措施。② 系列事件可以把模拟突发事件与期望演练参加者所采取的行动这二者联系起来。[①] 系列事件的设计主要包括主体事件和详细事件两方面的内容。正如事件的发展具有阶段性一样，演练脚本的设计同样具有阶段性。主体事件是每一阶段中的标志性事件，它们是导致突发事件的主要原因。详细事件的重要性次于主体事件但也是所有演练参与者所必须参与的特殊情景。每一次详细事件的发生，都是为了锻炼某一责任主体或某些责任组织非常态功能的必要设计，都是为了促进一个或者多个预期行动目标的实现。

小学生遇险求生场景脚本设计中所列主体事件和详细事件见表 3.4。

表 3.4　小学生遇险求生场景脚本设计中的主体事件和详细事件

主体事件	详细事件
小明的腿因为意外发生了骨折	因骨折痛感不明显所以没有进行及时处理
小明和小伙伴们买了街边的三无产品	儿童对来自社会各方面的抵抗性较差，事后发现这些食物确实导致了部分孩子出现呕吐现象

① 姜传胜，邓云峰，贾海江，等. 突发事件应急演练的理论思辨与实践探索[J]. 中国安全科学学报，2011(6)：153-159.

表 3.4(续)

主体事件	详细事件
一位骑电动车的老人向人群冲了过来	事故结果为：一名同学被撞，这位老年人由于自身具有的脆弱性所以没有及时送受伤同学到医院就医
一位同学因贪玩掉进了湖里	不幸的是由于施救不及时该同学丧失了生命

3.5.2.3 三提问式设计的要点梳理

情景构建是进行脚本设计的基础，三提问式设计是形成脚本的必要过程。三提问的过程会形成关于突发事件演练处置的任务分解与履责描述。其中，任务分解是指根据主体责任对突发事件发生后或者演练中所涉及的所有可能人员在事故应对中所采取的必要措施的描述；履责描述是指上述人员在此事件中所可能承担的责任的描述。三提问式设计要点见表 3.5。① 分析问题。在情景构建结束后，进入对场景和问题的分析阶段。在此阶段，可以针对事件背景进行三提问。② 形成结果。③ 作出决策：用何种措施来解决问题。④ 方案落实，形成脚本框架。

表 3.5 三提问式脚本设计要点

步骤	要点	补充说明
步骤一	分析问题 A：归类 B：排序 C：整理	问题一：作为普通人，这件事情对你有什么影响 问题二：这件事情对你的岗位有什么影响 问题三：除上述问题以外，这件事情对你还有什么其他影响 （包括：谣言、可能发生的次生事件、衍生事件、舆情等）
步骤二	形成结果	A：归类指标多样，一般情况下按照责任人、类似情景和任务要点进行分类 B：排序要按照时间处理的轻重缓急，将主要事件优先处置。例如：在突发事件的处置中坚持以人为本的原则，所以处置要点排序过程中应把医疗救护排在第一位
步骤三	作出决策	决策要符合实际情况
步骤四	方案落实	形成脚本中的具体方案

问题一：作为普通人，这件事情对你有什么影响？

这里的普通人可以是不同主体。假设作为受害者的家长，要经历生理和心理的双重痛苦；作为路人可能会对遇险儿童实施援救，但是在援救无果的情况下会产生极大的心理阴影；作为非当事孩子的家长可能会以此为契机，对小学生进行适时教育；作为导致事故发生的老年人，可能会承担一定的物质补偿同时也会产生一定的愧疚感；作为事件过程中牵涉的小学生，可能会经历心理上的极大痛苦以及内疚之情;如果受害者家长执意严肃追责,那么在追责过程中存在产生不良舆论效果的可能性,这样对其他小学生的成长会产生不利影响;作为学校教师,在承担相应责任的同时要加强对小学生安全知识和安全技能的培训。

问题二:这件事件可能对你的岗位有什么影响?

这里的岗位是指针对事件发生所涉及的不同主体的工作岗位。对于学校教师来说,本班学生发生安全事故,可能会背负安全教育不及时、不到位之名,严重者可能会受到相应的处分。一般情况下,教师需要到涉事学生家里及时了解情况,这些情况包括学生的身体、心理及学习情况,并且这是一种长期性的行为。对于学校校长来说,发生严重事故,校长将面临一定的行政处分。校长要切实做好学校的安全教育工作,加强学生校内安全教育和校外安全知识普及工作。对于工商部门来说,要加大市场监管力度,严管、严查街边小商贩以及市场上的三无产品。对于路边的小商贩来说,发生此类事件会对其正常的商业活动产生很大的影响,还有可能面临来自工商部门的惩罚。对于湖泊(公园或景区)的管理人员来说,这类事件的发生可能会影响该场合正常的社会活动,严重情况下可能会停止或关闭该场所。当然,这类事件的发生应引起该场所主管人员的重视,除了加强湖泊周边的安全管理措施之外,还要注重对员工安全技能的培训,以此来降低此类事件的发生。

问题三:除上述问题以外,这件事情对你还有什么其他影响?

除了对与此类事件相关联的普通人有影响外,此类事件还会产生哪些影响?这些影响可以是多方面的,其中主要包括:社会舆情、群体性事件、事件蔓延或扩大升级等情况。在此脚本设计中本书考虑的其他影响主要包括社会舆情与群体性事件。当儿童发生不测之后,家长为讨说法可能会不顾一切后果地闹事。这样,事件就会扩大升级,处置过程与牵涉主体也会相应发生变化。当面对规模较大的群体性事件时,应由当地政府启动相应的应急预案进行处置。此外,一旦家长将事故原因归为其他小学生并要求其他家长进行赔偿时,也会产生一定的社会问题。同时,这样的追责会对其他孩子的成长造成一定的负面影响。

3.5.2.4 情景构建—任务分解—履责路径描述

经过情景构建—任务分解—履责路径(见图 3.2)之后,脚本的基本方案已经形成。方案形成后应进行最基本的检验。情景构建—任务分解—履责路径三者能否具有一致性是检验脚本的可行性以及是否存在漏洞的重要过程。基于复杂事件和最坏情景打算,本节构建了以四个主体事件和四个详细事件为基础的小学生遇险场景。通过三提问式设计,明确了责任人以及相关主体的在事件发生时以及事件发生后的任务与责任。通过检验三个问题的一致性可确认方案合理性并形成脚本。

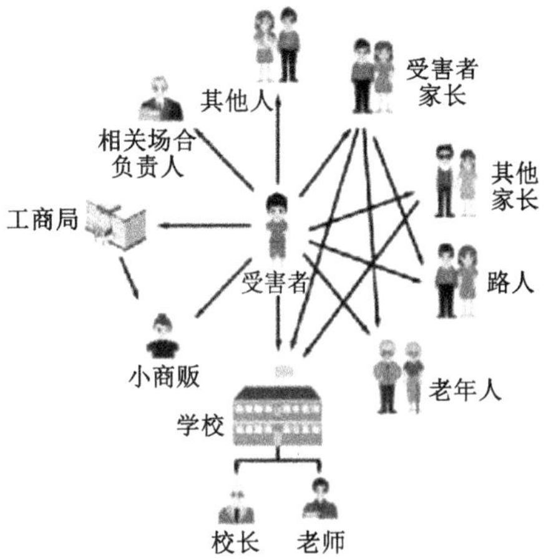

图 3.2 情景构建—任务分解—履责路径描述

脚本的设计以及应急演练二者的目的都是发现处置中的不足并进行修改以应对突发事件的发生。在小学生遇险求生场景脚本设计中，笔者发现对小学生的应急教育是小学生遇险后能够自救互救或者将损失降至最低的有效办法。① 小明在发现自己崴脚后，没有及时告知父母或老师，这种做法是不对的。因为小学生的识别能力不高，所以一旦身体发生意外，无论身体是否感受到了明显的不舒服都要及时告知自己的父母、老师或者比较亲近的人，以防在身体明显感到不适时查明不到具体原因。小学生在身体出现不适时要及时告知父母或老师并就医，以免发生重大意外。② 听从父母、老师的教导，不到没有营业执照的地方购买东西，提高自己的辨别意识。③ 遵守交通规则，在路上行走时不打闹。④ 夏天到湖边、河边玩耍必须由大人陪同，尽量减少到湖边或河边玩耍的次数。⑤ 发生意外后，要及时报警或者向身边的人求救。

除此之外，校方及家长应从防溺水安全、交通安全、用电安全、食品安全等几个方面加强小学生安全教育。

3.6 双盲应急演练模式架构设计及发展建议

突发事件发生后，如果应急人员能够迅速、高效、有序地作出应急反应，便能有效遏制事态发展，从而最大限度地降低突发事件造成的损失。定期开展应急演练可以有效检测一个地区或企业应急救援体系存在的漏洞，可以有效提高各部门的应急处置和联动协作能力，对于降低突发事件造成的损失具有重要作用。

目前,我国应急演练普遍为有脚本的示范性演练。在演练前,可通过编写脚本的形式,将各参演人员的应急措施写进脚本。我国目前的应急演练模式存在重"演"轻"练"的弊病。由于参演人员事先知道演练内容和流程,故可以在演练前做充分的准备。这就使"演练"变成"演戏",难以真正检测参演人员的真实应急能力,也难以给参演人员形成紧迫的心理感觉,难以有效提高参演人员在突发事件情形下的应急处置能力。针对我国现阶段应急演练中存在的问题,许多学者提出"双盲"模式应急演练。笔者认为这种创新性的演练模式对我国应急演练的发展具有积极的探索意义。但我国目前针对双盲演练模式到底该如何设计、应包括哪些内容、存在哪些问题以及未来发展趋势等尚无系统性研究。据此,本书立足我国应急演练工作实际,着眼应急演练工作未来趋势,提出一套双盲应急演练设计模式架构,希冀能为我国应急演练模式创新提供参考,进而提高参演人员的应急实战能力。

3.6.1 双盲应急演练概述

3.6.1.1 双盲应急演练的概念

双盲是一个心理学名词。双盲是在心理实验中不让被试者知道实验内容和目的的一种实验方法。双盲应急演练起源于军队,是现代军事演练中"三随三实"(随时、随地、随机;实兵、实装、实战)演练在应急演练中的推广。根据军事演练中"三随三实"演练的思想,借助双盲实验的特点提出双盲应急演练,是我国学者在应急演练模式上的创新。双盲应急演练,顾名思义,即事前不让参演人员知道演练时间、地点及内容等情况的应急演练。双盲应急演练的目的是通过演练来暴露问题,锻炼队伍,进而提升应急队伍的应急实战能力。鉴于双盲应急演练的目的和特征,双盲应急演练经过精心严密的策划,事先不让参演人员知道事件类型和演练内容等情况,突然发起演练旨在提高政府部门及生产经营单位的应急实战能力。

3.6.1.2 双盲应急演练的特点

我国现阶段主流的应急演练为事先告知的示范性应急演练,这种演练具有明显的弊端。提前编写演练脚本,以示范性为原则提前规定参演人员的具体行动,这不仅不能够有效地暴露问题,而且还会使"演练"变成"演戏",很可能会使演练流于形式,从而达不到提高应急能力的目的。双盲应急演练能够很好地解决我国现阶段主流应急演练存在的弊端。双盲应急演练具有以下五个特点。

1. 无演练脚本

双盲应急演练事前不编写演练脚本,只设计突发事件及次生衍生事件的情形，避免了参演人员出现照本宣科的情况，能够充分检测参演人员的临场处置能力；同时能够发挥参演人员处置突发事件时的主观能动性，打破了演练脚本给参演人员带来的束缚。

2. 突击性

双盲应急演练事前不告知参演者演练时间和地点，所有参演人员都不知道突发事件的类型及演练内容，由专门的双盲应急演练策划小组严密策划。双盲应急演练能够很好地起到突击检查参演者应急水平的作用，能够较真实地反映参演者的应急能力。

3. 实战性

双盲应急演练具有很强的实战性，能够很好地模拟突发事件发生时的紧张氛围。由于参演人员事先对所模拟的突发事件情形一无所知，所以双盲应急演练能够起到实战的作用，能够有效地反映不足，很好地锻炼队伍的综合能力，提高参演人员的应急实战能力。

4. 针对性

双盲应急演练能够针对本企业或本地区所面临的风险较高的突发事件以及应急处置能力中存在的不足，富有针对性地设计相关情形；同时也可以针对演练中所暴露的不足，富有针对性地临时设计相关指令。这些特点使双盲应急演练能够在暴露不足的同时临时增加相关指令以加强对薄弱环节的训练，从而有效地查漏补缺，提高参演者的训练能力。

5. “简节”性

“简”是指形式简单。双盲应急演练避免了传统应急演练事前编写脚本、进行预演等烦琐的环节，大大节省了组织应急演练的时间；同时“简而不空”，能够实实在在地提高参演者的应急处置能力。“节”是指节俭成本。由于双盲应急演练形式简单，所以能够大大减少投入成本。

3.6.1.3 双盲应急演练的开展形式

双盲应急演练有两种形式：一种是参演人员事先不知道要进行双盲演练，更不知道演练的时间、地点、内容、场景，整个应急演练由相关领导和策划人员突然发起。另一种是参演人员知道未来某个时间点要进行双盲应急演练，但不知道具体的演练时间、地点、内容、场景。两种形式各有特点。第一种形式，参演人员事先不知道要进行双盲演练，这能够更好地锻炼参演人员中应急救援人员的现场处置能力；不给相关参演人员进行事先模拟锻炼的机会，可以展示参演人员现场处置的真实水平，能够更好地发现参演人员应急处置过程中存在的问题。第二种形式，参演人员知道未来某个时间会开展某种双盲应急演练，这会促使参演人员事先全面“复习”面对各种突发事件的应对方法。像备考一样去备战将要开展的双盲应急演练，这在一定程度上可以让参演人员事先更加明白自己在面对突发事件时的职责，有利于双盲应急演练更顺利地开展。

笔者认为，在我国当前双盲应急演练还没有成为主流应急演练模式之前，由于人们对双盲应急演练模式不够了解，如果猛然开展第一种形式的双盲应急演练，可能会在演练过程中产生混乱，也可能会给参演人员的安全带来较大的风险从而达不到预期的效果。所以可以考虑先开展第二种形式的双盲应急演练。在此基础上，当人们对双盲应急演练模式足够了解时，再开展第一种形式的双盲应急演练，这样才会收到更好的效果。

3.6.2 双盲应急演练模式架构设计

双盲应急演练没有演练脚本，但这并不代表不需要设计，双盲应急演练需要严密的策划、精心的准备。现阶段我国的应急演练一般包括三个逻辑阶段：演练准备、演练实施、演练评估与总结。双盲应急演练作为应急演练的一种，其演练设计同样需要包含上述三个基本的逻辑阶段。笔者认为，双盲应急演练具体包括：双盲应急演练规划、双盲应急演练准备、双盲应急演练实施、双盲应急演练评估与双盲应急演练总结等四个阶段。

3.6.2.1 双盲应急演练规划

双盲应急演练规划是双盲应急演练的第一步，它是在双盲应急演练准备工作之前开展的评估、计划等工作。双盲应急演练规划要遵循“把握总体、系统连贯”的原则，应该基于本地区或本企业的总体情况，结合最近双盲应急演练的结果，系统连贯地设计双盲应急演练。

1. 评估

开展双盲应急演练规划工作，首先要对本单位或本地区的风险和应急水平进行评估。评估工作是对双盲应急演练需求进行的分析，是为了明确本地区或本单位所面临的各种类型突发事件风险的大小以及本地区或本单位应急队伍在应急救援过程中的薄弱环节，从而确定双盲应急演练的范围和目标。双盲应急演练规划过程中的评估工作要结合最近一次双盲应急演练结束后的评估与总结来开展，应根据上一次双盲应急演练中所暴露的问题以及平时应急工作中所出现的问题，合理地制定本次双盲应急演练的目标。合理的评估工作是针对性地开展双盲应急演练、达到预期演练目标的基础。

2. 计划

计划在评估工作结束后开展，是根据评估工作的结果，明确双盲应急演练目标，确定双盲应急演练类型、演练涉及的人员和演练范围的过程。《突发事件应急演练指南》按应急演练的内容将应急演练分为单项演练和综合演练，同理，双盲应急演练分为单项双盲应急演练和综合双盲应急演练。单项双盲应急演练主要针对特定环节和人员，以检验和提高特定的应急能力；综合双盲应急演练用以全面检验和提高各环节和各类人员的响应及应急联动能力。计划工作的主要任务是根据评估工作的结果确定双盲应急演练的类型。计划工作要遵循“前瞻后看，系统连贯”的原则，既要考虑之前的双盲应急演练，也要考虑之后的双盲应急演练，让一系列双盲应急演练成为一个连贯的系统。专项双盲应急演练与综合双盲应急演练相结合，从而达到“又专又全，又精又通”的总体演练目的。最终，通过一系列的双盲应急演练以提高本地区或本单位的应急水平。

3.6.2.2 双盲应急演练准备

双盲应急演练准备是双盲应急演练的第二步，与双盲应急演练规划有所不同。双盲应急演练规划是对全局的把握，而双盲应急演练准备是在演练前所进行的布置、筹划和安排工作。双盲应急演练需要精心严密的准备。由于参演人员事先不知道演练的相关情况，所以如果准备不充分，很可能会出现场面混乱、协调不佳等状况从而影响演练效果。双盲应急演练准备是双盲应急演练开展的基础。

1. 成立双盲应急演练策划小组

双盲应急演练策划小组是开展双盲应急演练准备工作的组织机构，统筹负责双盲应急演练的准备工作。双盲应急演练策划小组应下设：情景策划组、安全保障组、评估总结组，分别负责双盲应急演练的情景策划、安全保障与评估总结。双盲应急演练策划小组人数宜少不宜多，要严格遵守保密原则，在双盲应急演练正式开始前不向外界透露任何关于演练的消息。

2. 情景策划

双盲应急演练情景策划是保证双盲应急演练有序开展的基础。双盲应急演练情景是指根据双盲应急演练目的而设计的突发事件情景。现阶段双盲应急演练情景主要以一系列信息条的形式表现，辅之以某些计算机模拟情形。导调人员通过发布信息条来模拟突发事件的情形及发展，从而引导演练活动，直到演练结束。设计情景时，每个信息条之间要连贯，表达意思要清晰，以免影响参演者的理解。情景策划在演练开始前要严格保密，是双盲应急演练的本质要求。

3. 制定安全保障方案

由于双盲应急演练事前不告知参演人员演练的相关情况，所以在实施过程中可能会出现一些突发状况，而且参演人员的安全可能会面临较大的风险，所以在准备过程中需要制定有效的安全保障方案。第一，演练开始前需要安排足够的医护人员及安保人员；第二，要给参演人员配备完善的安全装备；第三，事前应尽可能分析演练过程中可能出现的突发状况，并制定相应的应对方案。双盲应急演练的规模越大，则演练中存在的风险越大，因此对安全保障方案的要求也越高。完善的安全保障方案能够降低参演人员在演练过程中面临的风险，有利于双盲应急演练的正常开展。

4. 制定评估方案

开展双盲应急演练评估工作需要提前制作合理的评估方案。评估方案包括评估方法、评估标准以及演练评估表等。制作合理的评估方案是对双盲应急演练进行合理评估的基础。在准备阶段应该根据所策划的事件情景，全面而详细地制定双盲应急演练评估表，确定评估方法以及评估标准。

3.6.2.3 双盲应急演练实施

双盲应急演练实施是整个演练的关键阶段，是策划和准备工作的综合体现，是检验和提高应急能力的关键步骤。当双盲应急演练准备工作开展完毕后便可实施双盲应急演练。由双盲应急演练策划小组组长确定演练日期，在演练当天通知所涉及的参演单位，根据预先策划的突发事件情景，运用计算机虚拟技术以及演练物品和器材模拟事故现场，发布双盲应急演练信息，开展双盲应急演练。在双盲应急演练实施阶段，导调人员应该随机应变，可以根据参演人员的表现临时增加相关信息，灵活开展演练活动。

3.6.2.4 双盲应急演练评估与总结

双盲应急演练评估与总结是双盲应急演练的重要环节。由于双盲应急演练能够更真实地反映应急队伍的应急水平，所以双盲应急演练评估工作应更科学、更细致、更全面。同时，由于双盲应急演练侧重于实战，场景更加真实，参演人员在演练处置中具有很强的自主性，所以对双盲应急演练评估的难度更大，对评估专家的要求更高。

1. 全面科学评估

双盲应急演练评估工作应该科学全面地进行，个人评价、相互评价与专家评估相结合，让每一个参演人员对于演练过程中自己和他人表现的不足和优点都能够发表意见，从而形成一个双盲应急演练评估网络。同时，可采用量化打分、专家点评等方法，让专家对双盲应急演练全过程进行科学的量化评估，点评参演人员在双盲应急演练中所呈现的优点与所暴露的问题，并给出合理的建议，最终达到“巩固优势，查漏补缺”的效果。

2. 细致认真总结

演练结束后各单位、各部门甚至各参演人员都要参考文本和音像记录，结合双盲应急演练总体情况，认真仔细地总结自己在双盲应急演练中的表现，形成自己的总结报告，并给出整改计划。

3. 改进与整改

改进与整改包括两个方面：一是要根据双盲应急演练所暴露的问题，制定工作计划，整改所暴露的问题，改进应急管理工作；二是要总结双盲应急演练设计中的问题，总结开展双盲应急演练的经验，改进双盲应急演练的相关设计，为下一次更好地开展双盲应急演练打好基础。

3.6.3 双盲应急演练设计相关问题分析

3.6.3.1 双盲应急演练风险分析

双盲应急演练在实施之前不设计脚本，不进行预先的演练操作安排，并且演练过程实践性强，很多时候是按照真实事故进行情景模拟，演练过程中的各项救援工作也都是随机进行。突发事件本身具有极大的不确定性，因此双盲应急演练过程中也存在极大的不确定性。演练过程中参演人员的生命安全会受到威胁，故演练过程中存在风险。演练效果是训练频率、强度、内容等诸多要素的综合体现。其中，训练频率与演练风险存在一定的耦合关系。

为了降低演练过程中场景模拟人员以及救援人员所面临的风险，可以在实施双盲应急演练之前进行多次有脚本的训练性演练，让参演人员慢慢适应双盲应急演练模式。双盲应急演练和传统应急演练并不冲突。双盲应急演练应在熟悉传统应急演练的基础上开展。参演人员只有熟练掌握传统应急演练中规定的处置流程，才能更好地开展双盲应急演练。在双盲应急演练之前开展的训练性演练要包括参演单位可能会频繁发生的各种突发事件类型，而且演练脚本中的情景设计应涉及现实中可能遇到的突发情况、次生灾害以及衍生灾害。各种情景脚本设计完成后，参与演练的救援队伍要熟练掌握脚本中应对各种突发情况的流程。这虽在一定程度上增加了参演人员的工作量，但若能熟练掌握应对方式，便可在一定程度上降低风险，有利于双盲应急演练顺利开展。

3.6.3.2 双盲桌面推演的必要性分析

双盲桌面推演是双盲应急演练在形式上的一种简化。双盲桌面推演不需要参演人员采取实际行动，只需参演人员根据给出的事件情形说出自己应该采取的应急措施。现阶段在进行双盲应急演练之前开展双盲桌面推演是必要的，因为双盲桌面推演可以降低双盲应急演练过程中可能出现的混乱和风险。双盲应急演练在实际演练过程中难度较大且对参演人员的素质要求较高，因此如果参演人员的业务水平不过硬，很可能会在实际演练中出现一些不必要的差错，甚至会使参演人员的安全面临较大的风险，从而影响总体演练效果。盲目地进行双盲应急演练容易造成较差的效果。无脚本的双盲桌面推演相对双盲应急演练更容易实施，可以让参演人员熟悉双盲应急演练的流程及自己的职责。多次开展针对不同事件的无脚本双盲桌面推演，当参演人员对各种事故情形都能够顺利处置后，再开展双盲应急演练，才不会过于混乱，不会造成太多不必要的失误。

3.6.3.3 双盲应急演练推行难度分析

双盲应急演练是一种新型的应急演练模式。虽然双盲应急演练具有明显的优点，但是在现阶段推行双盲应急演练还存在许多困难。

1. 应急演练没有受到应有的重视

虽然《国家突发公共事件总体应急预案》《突发事件应急演练指南》等明确提出了加强应急演练的要求，但是应急演练还是没有受到政府应有的重视。某些地方政府对于主流的应急演练都没有按时保质地开展，很多次的应急演练只是为了应付检查，这就使双盲应急演练的推行变得困难。

2. 双盲应急演练本身开展难度较大

由于双盲应急演练具有典型的突击性，强调演练过程的真实性和实战性，这就使双盲应急演练对情景的设计、技术的支撑、安全的保障、人员的素质、设备的配置、信息的沟通以及评估的方式等要求更高。双盲应急演练较主流应急演练，其开展难度更高，这也进一步加深了双盲应急演练的推行难度。

3. 对政府或企业的应急水平有一定要求

双盲应急演练对参演人员的应急能力有一定的要求。如果政府或企业的应急水平不够，参演人员的业务素质不过硬，则势必会在演练过程中造成许多不必要的失误，会给双盲应急演练的开展造成许多困难。政府或企业的应急水平越低，开展双盲应急演练的难度便越高，推行双盲应急演练的难度也会越高。

4. 双盲应急演练规范化程度不高

由于双盲应急演练是一种新型应急演练模式，所以对其研究尚不成熟。对于双盲应急演练如何设计与开展目前尚不规范，这也在一定程度上加深了双盲应急演练的推行难度。

3.6.4 建议与展望

双盲应急演练在我国刚刚开始。目前，我国在双盲应急演练理论研究和实践探索上都存在很大空缺。如何将理论与实践相结合，从而科学地规范双盲应急演练并推动双盲应急演练的发展，是当前需要着重探讨的地方。据此，笔者对我国双盲应急演练的未来发展提出以下几点建议与展望。

3.6.4.1 政府应加强对双盲应急演练的重视

1. 加强立法

政府应该从法律层面提高对双盲应急演练的重视程度，在社会中营造出重视双盲应急演练的良好氛围。政府的重视能够有效促进双盲应急演练的理论研究和实践探索。加强立法，首先需要为双盲应急演练正名，即出台相关法规将双盲应急演练纳入我国应急演练体系之中；其次应该尽快出台相关文件指南，使双盲应急演练规范化，例如对演练主体的要求、对演练的科学化程序、对演练的评估以及演练安全的要求等都应该进行明确规定。

2. 加强资金保障

双盲应急演练的规范化需要理论研究和实践支撑。政府应该投入资金加强高校和相关科研机构对双盲应急演练的理论研究，同时应引导相关主体积极实践双盲应急演练。

3. 加大惩奖力度

各级政府的应急管理部门应该负起责任，明确双盲应急演练的开展标准，对于不按规定开展双盲应急演练以及将双盲应急演练作为应付检查的地方政府和企业应加大惩罚力度。

3.6.4.2 积极探索双盲应急演练实践模式

实践是理论创新的源泉，同时理论创新又指导着实践。双盲应急演练是我国应急演练的一种新模式，发展尚不成熟，所以政府和企业应该积极实践，在实践中探索科学的双盲应急演练模式。

1. 政府在本区域积极探索双盲应急演练实践工作

政府要勇于打破传统演练观念，针对本地区高风险突发事件，积极探索适合本地区情况的、能够切实提高本地区应急队伍实战能力的双盲应急演练工作思路。

2. 企业在本单位积极探索双盲应急演练实践工作

企业应该响应政府的号召，同政府合作、联动，针对本单位风险较高、危害较大的突发事件，积极开展双盲应急演练探索工作。

3.6.4.3 高校与科研院所应加强双盲应急演练理论创新

1. 应与政府和企业的实践相结合，在实践中发展理论

高校与科研院所应该与政府和企业建立良好的合作关系，以双盲应急演练理论研究来指导政府与企业的实践；同时还应从政府和企业应急演练中发现实际问题，进行理论创新。

2. 加强对重点问题的研究,努力填补理论空缺

高校与科研院所的研究应该抓住重点问题,使研究结果具有指导性。高校与科研院所应该加强研究如何科学规范设计双盲应急演练模式、如何运用技术手段仿真模拟突发事件的情形、如何加强双盲应急演练过程中全面科学的评估、如何降低双盲应急演练的风险等问题。高校与科研院所对相关重点问题的研究能够更好地推动双盲应急演练的发展。

3.7 灾难求生科普沉浸式教育方法探索

3.7.1 沉浸式教育方法设计背景

沉浸式教育,是指通过虚拟现实技术为学习者提供一个接近真实的学习环境,借助虚拟学习环境,学习者通过高度参与互动、演练而提升技能。沉浸式教育方法包括:仿真模拟训练、3D虚拟环境下的操作训练、角色扮演的情景剧等学习方法。灾难求生科普中,针对青少年这一群体,参与演习、自编自导灾难求生场景剧等沉浸式教育方法等值得探索。

青少年是国家的未来和民族的希望,是实现中华民族伟大复兴中国梦的重要力量。近年来,中小学生校园突发事件不断增多。如何确保中小学生健康成长,如何让孩子们学到丰富的应急知识,在危险来临时能够有效保护自己,已成为目前亟待解决的一个难题。目前,应急教育并没有真正纳入中小学日常教学体系。大多数人将应急教育等同于科普宣传,很少参加自救技能培训与实战演练。学校开设的课程也只是让孩子们坐在教室中听讲师讲课,实际效果并不明显。

媒体中报道的一些典型成功案例对如何开展中小学应急科普教育传播带来了新的启发。2004年,一名年仅7岁的深圳小学生,用自己的冷静机智与所学知识,挽救了煤气中毒的父母。关煤气、开窗户、到门外拨打急救电话,她的急救能力让不少成年人望尘莫及。原来,事发两个月前,老师让同学们表演"液化气中毒该怎么办"的情景剧,并请来了法制辅导员和校医讲解正确的急救方法,最后让同学们按照正确的方法又排练一次,以使同学们掌握了煤气中毒的求生知识。2008年5月,汶川地震发生时,安县桑枣中学全校2 200多名学生、上百名老师无一伤亡。这与叶志平校长4年来坚持组织学生紧急疏散演练不无关系。每个班的疏散路线、操场上站的具体位置等都事先规划好,在地震发生时才能井然有序地撤离。汶川地震发生时仅用时1分36秒,该校所有师生全部冲到操场,创造了一大逃生奇迹。

上述成功经验表明：只有真正参与到实战演练中，才能在灾难来临时临危不惧，有效地保护自己。基于这两个典型案例的启发，笔者依靠在校大学生“灾难逃生自救技能”通识课16学时的基础上，开展了大学生自编自导灾难求生场景剧的相关试验测试工作，试验周期长达两个月，收效颇丰。据此，笔者认为可以考虑让中小学生自编自导灾难求生场景剧。由于中小学生与大学生相比，认知、知识等能力尚未成熟，如同一张白纸，也许编导方式是提高中小学生应急意识、应急能力的重要科普传播方式之一。

3.7.2 常见典型灾难情景分析

中小学生属于未成年人，在生理和心理上发展不平衡，对周围易发、频发典型灾难的感知、认知、防控等存在诸多不足，因此系统分析典型灾难特征对于中小学生深入认识、传播灾难求生知识非常关键。对此，笔者提炼了18种典型灾难情景。

3.7.2.1 儿童拐卖事件

据统计，我国每年走失的儿童大约有20万名，许多家庭因为失去孩子而无法正常生活，有些父母因为孩子的走失而精神崩溃，甚至选择轻生。因此，要关注儿童，保护儿童，更要加强对儿童的安全教育，培养他们的自我保护意识。

3.7.2.2 家庭火灾（煤气、触电等）事故

在各类火灾中，家庭火灾的发生率最高。电器设备的使用不当、易燃物品存放不当、煤气泄漏等都有可能引发火灾。因此，中小学生在日常生活中一定要小心谨慎，学习并掌握一些应急技能，尽可能地减少火灾带来的危害。

3.7.2.3 道路交通事故

随着社会的发展和科技的进步，人们的出行变得更加便捷。人们在享受便捷的同时，也要注意防范灾难，否则一旦发生事故，轻则财产损失，重则人员伤亡。因此，向中小学生普及相关道路交通知识尤为重要。

3.7.2.4 踩踏事件

近年来，由人群密集而导致的踩踏事件频繁发生。中小学生身材矮小、力气小，面对混乱的人群，更容易发生踩踏事故，再加上心理发展不成熟，遭遇危险时容易产生恐慌，极易诱发连锁反应，造成严重的踩踏事故。

3.7.2.5 游乐场所遇险事件

对于充满好奇的中小学生，游乐场所的新事物极具吸引力，但在游玩时一定要注意安全。摩天轮、海盗船、过山车等有时会出现断电情况；另外，一些不正规

的游乐场其游乐设施可能存在不合格等潜在危险因素。

3.7.2.6 地震遇险事件

地震发生时，很多人由于不正确的做法可能导致死亡，所以中小学生应该多学习一些地震求生知识，尽量避免伤亡。

3.7.2.7 洪水遇险事件

暴雨、泥石流、山体滑坡等自然灾害的发生是不可避免的。如何在洪灾发生后保护自己，尽可能减少人身财产损失，值得每个人深思。

3.7.2.8 火灾遇险事件

近年来，大型火灾事故时有发生，尤其是造成几十人乃至几百人死亡的特大火灾，对人民的生命财产造成了巨大损失。所以中小学生应把预防火灾发生和火灾求生的知识牢记心中，当火灾发生时应科学应对，有效保护自己。

3.7.2.9 野外遇险事件

野外出游具有一定的危险性，比如被利器割伤、被毒蛇咬伤、崴脚、发生腹痛等。很多人因不知道如何自救，从而使自己陷入更危险的境地。出游要做好周全的准备，不但要清楚如何自救，还要懂得如何发出求救信号，让他人帮助自己。

3.7.2.10 轨道交通事故

地铁、火车等轨道交通工具在许多城市已成为市民出行的重要方式。因轨道交通工具具有舒适、安全等特点，其潜在的危险常被人们忽略。实际上，地铁挤压、火灾、追尾、碰撞等事故时刻都有可能发生，所以应该引起人们的重视。因此，向中小学生普及相关知识尤为重要。

3.7.2.11 海上交通事故

除了陆地，海上也可能发生交通事故，例如碰撞、沉没、触礁、爆炸等都有可能造成人员伤亡。人们遭遇此类事故时要能够利用所学科学知识及时处理，避免产生更大的损失。

3.7.2.12 航空交通事故

在国内出行一般会乘坐火车、高铁，而到国外旅游，主要乘坐飞机。飞机一旦失事，生还的可能性相对较小。因此，人们一定要严格遵守规则，多掌握一些相关应急技能，防患于未然。

3.7.2.13 家庭遇险事件

家庭是人们日常生活的地方，也会遇到各种险情、发生各种意外。父母不可能时时陪在孩子身边，这就要求中小学生掌握一些基本的家庭急救常识。

3.7.2.14　校园暴力事件

校园暴力事件是指发生在学校及其附近以教师或学生为施暴对象的恃强凌弱的暴力行为。基于中小学生自身特点，暴力事件对中小学生心理上的影响远大于其对中小学生直接造成的身体及财物等方面的危害，因此应对中小学生普及相关预防与应对知识。

3.7.2.15　食物中毒事件

中小学生知识水平和识别能力有限，自控力不足，有时难免会乱吃食物。因过敏、食物相克、酒精中毒、误食某些过期或腐败的食物等导致的食物中毒事件时有发生。食物中毒事件的预防应引起家长及学校的注意。

3.7.2.16　传染病事件

传染病具有传染性和流行性的特点，可以在短时间内迅速传播，严重危害人类的健康。传染病传播必须具备若干环节，切断任何一个环节，即可防止传染病的发生。因此，向中小学生普及相关传染病预防方面的知识尤为重要。

3.7.2.17　台风灾难

台风来临时房屋倒塌、阴雨连绵，给人们的生活带来巨大灾难。在我国，台风主要发生在沿海地区，但其他地方也可能受到台风的影响。因此，一定要注意对中小学生普及相关防范知识。

3.7.2.18　电梯被困事件

电梯给生活在城市的人们带来了便利，但同时也存在一定的安全隐患。例如，被电梯门夹住、因断电导致电梯极速下坠等情况都有可能发生，且可能造成严重的后果。因此，安全乘坐电梯的相关知识应纳入中小学生应急科普知识体系。

3.7.3　灾难情景及实训基地方案设计

中小学生自编、自导、自演应急脚本，是针对中小学生应急科普的重要尝试。脚本的编写、演练、舞台演出、视频拍摄等过程能够让中小学生将各种逃生知识熟记于心，当灾难来临时，能够做到不慌不乱，根据事先排练效果迅速作出反应。

3.7.3.1　脚本编写

笔者认为，可将上述18种灾难中的每种灾难均作为一个大场景，每个场景下设置10个小场景，串联起来，让学生自主完成脚本设计。老师只是监督检查学生哪个地方的场景不合理、哪个地方的求生知识运用不准确并提出改进意见。学生或查阅资料，或通过小组讨论，或请教专业人员，最终把剧本编写好。这种方法可以有效帮助学生提高其求生技能，改变目前固有的科普模式。

3.7.3.2 实战演练与视频拍摄

每组编写的剧本都符合要求后，让学生按照剧本表演。此阶段同样是学生自主完成。学生自己找演练场地，自己制作或购买道具，熟练记忆剧本中的台词，揣摩剧中人物心理，尽可能真实地模拟灾难发生时的情况，不断进行演练。老师检验确认每组都能熟练表演后，找合适的时间，安排学生在全校师生面前进行舞台演出，把学到的知识展示出来，让更多的学生学到一些求生知识，体会其中的乐趣。最后进行视频拍摄，学生自主选择拍摄场地并完成拍摄。后期的视频剪辑、加字幕等也都由学生自主完成。剪辑好的视频可以放到一些网站上，让更多的人了解相关知识及这种教育模式。

3.7.3.3 灾难求生训练基地方案

根据中小学生参与灾难求生剧本全过程的实际经历，包括选定灾难类型、查找资料、编写脚本、实战彩排演练、视频拍摄等过程，中小学生基本熟悉了灾难发生前、发生时的基本规律和特点，掌握了针对灾难发生后如何逃生自救互救等相关知识及技能。在对灾难求生理论与实战演练有了整体把握后，就要考虑其撰写脚本设计及视频拍摄如何具体落地的问题，即如何对更广大的人群进行灾难求生行为训练。这涉及如何设计灾难求生训练基地方案的问题。通过灾难求生训练基地方案设计，让学生从灾难求生源头，即工程设计层面，大胆想象未来可能发生的灾难场景，对灾难有一个更深入、系统的认识，达到应急科普理论与实践有机统一的目的。

总体来说，任何新事物的发展总不是一帆风顺的，要创新、要改革，就要面对质疑和挑战。灾难情景及实训基地教学模式刚开始可能不被其他老师或同学认可，但随着时间的推移，这种教学模式所表现出来的效果较为明显时，一定会被人们所接受。此外，学生在编写剧本、拍摄视频的过程中如果遇到一些技术问题，可以找专业人员进行指导、解决。灾难情景及实训基地教学模式较好地考虑了如何让学生参与，如何亲身体验等现实教育困境，对中小学生应急科普教育是挑战也是机遇。

地震求生场景实验设计：沉浸式教育方法实验设计与应用分析

◈ 地震求生脚本编写前期准备和目的

选择一个地震发生原因，虚构受灾严重区域为疾山省虞速县应寨镇。此次地震导致房屋倒塌、多人被埋压。应寨镇有居民自己组建的应急救援队伍，且居民受过地震求生教育。确定脚本编写的目的，即通过描写不同人在地震中的做法让居民了解地震中该如何求生。

◇ 地震情景构建

时间：2018年6月3日

地点：疾山省虞速县和疾山省虞速县应寨镇，两地皆为地震高发区。

虞速县，位于疾山省西北部，全县东西长110千米，南北宽60千米，总面积约7 000平方千米，海拔1 000米。

应寨镇，地处疾山省虞速县城北部，与疾山相邻。面积100平方千米，人口近8 000人。

人物：应严，应寨镇镇长。

季秋，应寨镇卫生所护士，应严之妻。

应栀，高中生，就读于虞速县一高中，应严与季秋之女。

应愿，初中生，就读于应寨镇一初中，应严与季秋之子。

应西，汽车司机，应严之弟。

安笙，虞速县商场导购，应西之妻。

应全，救援队队长、应急管理学院毕业，应西与安笙之子。

其他人物有同桌、数学老师、语文老师、各班班主任、后勤主任、同学A、同学B、同学C、老张、老赵等。

背景：应寨镇地处羌挤洋板块（虚构）与自忽板块（虚构）的交界处。羌挤洋板块以每年约2厘米的速度向自忽板块俯冲，交界处构造应力持续积累，地质构造活动强烈，造成疾山不断隆升。历史记载该地区多次发生过地震，距今最近的一次地震发生在1 500年前，造成了巨大损失。2018年6月3日15时40分59秒，疾山省至应寨地区两侧板块突然剧烈运动，应力积累超过极限值后释放形成地震，地面最大断距超过1千米。震源深度为15千米，严重破坏地区超过2 000平方千米，震级为7级，造成了巨大的人员伤亡和财产损失。

◇ 地震求生场景设计

第一幕 校园逃生之安全逃出

15时40分，虞速县一中教学楼内高二学生应栀正在上下午的第二节课，数学老师在讲台上认真地讲着课，坐在教室第二排的应栀在记着笔记。突然，桌子开始晃动。“地震波？”应栀心想。

【数学老师】：（大喊，同时把后门打开）所有人趴在桌子下！

[震波一过，应栀和同学们都按之前演练时规定的逃生路线从前门跑出，后四排的同学从后门跑出。应栀看到楼层的拐角处像平时演练时一样都有老师；数学老师刚刚把班里一名摔倒的女生拉起来，避免了踩踏事故。应栀还在按次序奔跑着，不到一分钟，已经到了操场上自己班级所在位置。没过一会儿，所有人都跑下来了，老师们在外圈保护着同学们，大家看着倒塌了一半的教学楼。]

【应栀】：还好，前两天刚举行了一次地震应急演练。我都是按演练时的路线跑的，不然可能被埋在教室里了。

【同桌】：你看，我们的教室已经塌了，以前觉着演练就是好玩嘛，现在看来校长让我们平时演练是对的，我们应该认真对待。

【同学C】：(有点内疚)刚刚，我有点慌，在楼梯拐弯处摔倒了，幸好数学老师一把把我拉起。不然，我可能会被踩伤，也可能会把大家绊倒。

【应栀】：我们每年都有演练，路线都非常清楚，速度也都有所提高，大多数同学都是可以从容应对的。

【数学老师】：刚刚自己喊"快一点！慢一点！"现在想想真矛盾，既怕跑得太慢而跑不出来，又怕跑得太快会有学生摔倒。

【语文老师】：刚刚好险啊！幸好你迅速将那个女生拉起来，不然，后果不堪设想。

【数学老师】：之前啊，每学期都有演练，总觉着校长在小题大做，耽误学生的学习时间，现在想想，演练是一件非常必要的事情啊！

【语文老师】：自从校长上任以来，一直在加固教学楼，当时想着，花费那么多钱，为啥不建新楼呢？现在看来，校长真有远见！

【校长】：各位老师，各位同学，大家安静一下！请各班班主任统计一下各班人数。另外，请大家遵守纪律，不要慌，不要乱跑，可能还有余震。请后勤主任把学校总电闸关了，以免发生火灾。等通信畅通束后，我们再听上级指挥。

【班主任A】：高一(1)班到齐！

【班主任B】：高一(2)班到齐！

【班主任C】：高一(3)班到齐！

【班主任D】：高一(4)班到齐！

【班主任E】：高一(5)班到齐！

【班主任F】：高一(6)班到齐！

……

【后勤主任】：总电闸已关闭！

【独白】：应严肃对待演练，不可当作儿戏；每次演练之后进行评估，改正问题；楼道拐角是最容易摔倒的地方，每一个楼梯口都要有老师守护；若有学生不慎摔倒，应立即扶起，以免引发踩踏事件；震后不可乱跑，以免被余震所伤；一定要把总电闸关闭，避免线路着火。

第二幕　校园逃生之未逃出

应寨镇一中学，应愿正在教室里奋笔疾书，突然感觉桌子在晃动。

【同学A】:（大喊）是地震，大家快向外跑！

[教室里特别拥挤，同学们都很慌张。]

【应愿】:同学们，不要挤，不要惊慌！门口的同学抓紧跑出去，在墙角的同学抱头蹲在墙角，桌子旁的同学蹲在桌子下面，扶好桌腿！

[说话的同时，应愿蹲在墙角的桌子下，扶着墙壁，缩成一团。楼房坍塌，墙面砸在了桌子上面，应愿被埋在了桌子下面。]

【同学A】:（带哭腔）救命啊！我被困在下面了！

【应愿】:有没有受伤？都有谁在下面？

【同学B】:我在，身上有点擦伤，但不碍事，我旁边还有三个女生。

【同学A】:我没有受伤，但是我很害怕，我会不会出不去了？我还没考上大学呢……

【应愿】:大家不要慌，保存好自己的体力。如果感觉空气里有大量灰尘，就捂住自己的口鼻。不要怕，我堂哥是镇上救援队的队长，我们等他来救我们。

【独白】:地震发生时，如果跑不出去，不要慌，不要乱动；尽量保持站姿，已保持视野开阔，方便根据自身所处环境作出正确的决定；找寻坚固的地方，尽量抱头；如果被困，保持镇定，保存体力，捂鼻防止灰尘吸入，等待救援。

第三幕　家中逃生之自救互救

应严的家里。刚结束午休的应严正在家里穿衣服准备去上班。突然地面震动，应严迅速向外跑，跑到门口时，感觉楼房将要倒塌，来不及出去了，就直接抱头蹲在了离门口最近的墙角。楼房轰然倒塌。

【应严】:这里还有其他人吗？

【老张】:老应，我在你不远的地方，能看到你。

【老赵】:我现在能看到外边，脚好像被压住了，动不了。

【应严】:我们先把身上一些不结实的木板之类的东西挪开，看能不能爬出去。小心点，听到声音就不要再挪了。

众人开始挪开身边的东西，腾出一些空间。

【老张】:我能移动了，我要爬出去了！

[说完，老张就爬出来了。]

【应严】:(移动了一下身子,开始向外爬)我爬出来了！老赵,你怎么样了?

【老赵】:感觉有东西压我脚上,我动不了。

【应严】:老张,我们一块把老赵脚上的砖头搬开,把他拉出来吧。

【老张】:好。

[庄严与老张两人一起搬开老赵脚上的砖头,把老赵拉了出来。老赵的脚受伤了,两人把老赵抬到空旷的位置。]

【应严】:老张,你去旁边卫生所看看有没有医生逃出来,让他给老赵包扎一下。我看看镇上情况,向县领导汇报,再找一下应全的救援队。

【独白】:地震发生时,如果来不及跑出去,尽量靠外不靠内,找坚硬的墙角,躲开房角和侧墙等稳固性较差的位置。首先,观察自己是否被房屋或者装饰的残骸以及危险的物品埋压,并想方设法避开;其次,寻找身边是否有能支撑房屋残骸结构的物品,比如砖石、木棍等;最后,清理身边杂物,扩大自己空间,争取能爬出来;但若搬不动或动静太大,则应停止行动,保持镇定,等待救援。作为领导应先了解情况,再迅速上报。

第四幕　医院求生之互救

老张往医院的方向跑去,找到了一个逃出来的医生。

【老张】:大夫,我邻居脚受伤了,你能不能帮忙给包扎一下,我怕他失血过多。

【医生】:在哪呢?你带我过去。

[两人走在路上,听到了敲击声。]

【老张】:我听到了敲击的声音,应该是有人埋在了下面。你先去给我邻居包扎。(指给医生老赵所在方向)我先看看下面正在敲击的人,看能不能把他扒出来。你包扎好了再过来。

【医生】:好,我抓紧时间。

[老张顺着敲击的声音走过去,搬掉碎石砖头,下面露出了一个人,是季秋。]

【老张】:季秋,别急啊,我把墙块搬开,救你出来。

[老张说完就开始动手救季秋出来。]

【季秋】:老张啊,我家老应没事吧?

【老张】:他没事,现在正在观察情况请求支援呢。你咋埋下面的呀?

[老张的双手一直在搬砖块、乱石等。]

【季秋】:地震时,我正准备给病人量体温,突然桌子晃动起来。我拉着病人往外跑,病人比较虚弱,跑得慢了点。眼看医院要塌了,我顺势拉着她蹲在了墙角。她现在就在我旁边。

[老张搬掉季秋旁边的乱石，把季秋给拉了上来。季秋和老张合力继续挖，最后把病人给拉上来了，但病人已经昏迷。]

【季秋】：她之前就是发烧，现在晕过去了，我带她去找医生。

【独白】因地震被埋压后，应先保存体力。若感觉有人来了，应捡起身边石块敲击离自己最近的钢筋水泥，且应尽量选择敲击空心的物体。

第五幕 野外驾驶之求生

应西开着汽车，刚出应寨镇，突然感觉车不受控制，已经偏离了路线。应西立即减速、刹车。

【应西】：地震了，大家抓好扶手，躲在座位附近，蹲下，蜷缩身体，找柔软的物品保护头部，不要惊慌！不要惊慌！

[乘客们都缩在一起，应西也蹲在了座位旁边。不一会，地面停止了震动。]

【乘客们】：我们该怎么办啊，不知道家里成啥样了？

【应西】：大家先下车，要远离山脚，防止被山崩的落石砸到。先去空旷的地方，等情况稳定了，我们再回去。

【独白】：在地震时行车，司机应立刻减速，逐步刹车；乘客应抓牢扶手，蹲下并蜷缩在座位附近，利用身边的柔软物品保护头部，待震动停止后再下车。

第六幕 人员密集区域逃生之大忌

远在虞速县商场里的安笙，感到脚下一阵猛烈的颠簸，听到有人大喊"地震了！"立即下楼逃生。在楼梯口，安笙看到一女孩正准备进电梯，急忙把她拉回来，拉着她向楼梯奔去，跑到门口，又一次震动袭来，安笙摔倒在地。安笙顺手一推，把女孩推了出去。女孩跌跌撞撞出了门口，安笙被埋。震后，安笙动了动胳膊和腿，发现胳膊没事，一条腿被压着了，她喊"救命啊！"但没有回应。安笙静下心来，开始想儿子之前教过她的逃生技巧。于是安笙仔细判断身边情况，发现自己是在由墙面、预制板和砖头所围成的狭小空隙里。她尝试慢慢坐起来，搬掉压在腿上的东西。这时余震来了，她赶紧抱头。所幸，余震震落墙块，随之碎土落下，人露出来了。正好有人看到了她，就把她扒了出来。

【安笙】：谢谢你！要不然，我还不好出来。

[救人者说了声"没事！"就赶忙去救别人去了。]

【独白】：地震时，不可乘坐电梯，不可慌乱涌向出口。

第七幕 集合救援队返回救人

应全正带着他的队伍在应寨镇外训练，突然地面一阵颠簸，他们知道地震了。震后，应全集合了队伍。

应全：我们立即出发去救人，路上我再具体安排怎么救人。

[应全在往回赶的路上]

【应全】：第一组去医院，第二组去学校，第三组去旅馆超市，第四组沿建筑物走，救那些掩埋不深的幸存者。轻伤者应迅速加入我们，扩充救援队伍。

【所有人】：收到！

【应全】：留意废墟里的敲击声和呼喊声；依据废墟上的血迹和瓦砾中人员的活动痕迹进行追踪搜索；尘土大时应先喷水再救人。其他注意事项，我们平时训练时也都讲过，行动吧！

[所有人都分散开了，他们按照所安排线路去了学校、医院、旅馆等地。]

【独白】：学校、医院、旅馆和超市等是人口密集的区域，一定要特别注意救援。地震救援遵循先易后难，抢救出来的轻伤者应编入救援队伍，以便在武警来之前挽救大量的幸存者。

第八幕　救援队营救

第一组去医院，救了许多医生和护士，并迅速组成一个医疗队伍并设立了医疗点。

第二组去学校救被埋的老师和学生。

【应愿】：你们听，外边突然增加了许多脚步声，有人来救我们了！

【同学们】：我们都听到了！

【应愿】：我们拿起自己身边的石头敲击，他们可以听到的！不要大声呼喊，吸入尘土可能会窒息。

[众人开始敲击，突然听到一声“大家快过来，这里有人呼救！”]

[先是只感觉有水滴入，然后，头顶开了一个口，有空气进入。]

【救援者】：你们怎么样了？有没有人受伤？口鼻内有没有尘土？呼吸顺畅吗？

【应愿】：我们还好，没有人受伤，谢谢叔叔。

[救援者开始清除周围的埋压物，轻轻地把人都移了出来，并用自己的衣服捂住被救人员的眼睛。]

【独白】：营救被压人员时，如果尘土过大，应当洒些水，减少尘土，免得被埋人员出现窒息的症状；打开废墟下封闭的空间，流入新鲜空气；尽快暴露被埋人员的头部，清除其口鼻中的尘土等污物，保证其能顺畅呼吸；对于受伤严重、不足以自行离开埋压处的人员，应先想方设法小心清除其身体上和四周的埋压物，再合力小心将被埋压人员抬出废墟。对长时间不饮水、受伤及窒息严重、被埋压时间较长的人员,被救出后,一定要用深色的布料蒙住眼睛。

第九幕 震后防疫

地震后,季秋和众医生护士成立防疫医疗队,展开大规模卫生防疫行动。防疫医疗队为伤员接种疫苗,喷洒各类消毒剂。

【季秋】:应全,安排你的救援队和一些未受伤的群众整修供水系统以及垃圾运输和污水排放系统,一定要把卫生设施重建好。

【应全】:好,我清楚的! 咱这不能有疫情,一定要确保被救出人员的安全。

【独白】:地震后一定要做好防疫工作。当地群众应与救援队伍结合,共同恢复供水、垃圾运输和污水排放等系统,注重卫生设备的消毒情况。

第十幕 上报灾情

应严在了解到此次地震的大致情况后联系了县政府。

【应严】:报告县政府,应寨镇发生地震,房屋倒塌严重,人员被埋较多,灾情极其严重,受伤人员无处安置。请指示!

【县政府】:情况已知晓,务必按照应急预案开展救援工作,密切注意灾情发展,发现新情况及时上报! 地震局已启动一级预案,军区也已派人前来救援。

【庄严】:明白!

3.8 本章小结

应急科普知识传播是应急科普工作的重要内容,应急科普知识传播载体和传播方法等在学校应急教育、应急场馆、应急演练等层面有着不同的体现。

(1) 以中小学(小学、初中及高中)三个不同阶段的现实背景为出发点,探讨了中小学推广灾难求生科普的意义、中小学推广灾难求生科普的困境、中小学灾难求生科普的内容以及传播策略等。

(2) 围绕高校的现实背景和社会背景,集中探讨了四个方面的问题:高校推广应急科普内容的基础,高校推广应急科普的困境,高校推广应急科普内容的难点,高校应急科普内容推广策略等。

(3) 统计分析大量灾难事故案例,结合国内外应急场馆发展现状,依据应急科学与工程原理,探索性地提出一种应急场馆体验功能训练设计方案。初步整体模块设计包括地震求生、台风求生等功能模块设计,以情景式、体验式为主,口授式为辅,目的在于让体验者最大限度地切实增强应急意识,掌握应急求生技能。

(4) 设计了校园突发事件避难逃生及自救技能体系，主要包括：政府层面的顶层设计，应出台哪些政策，应建立哪些管理机构，如何运行操作等；民间需要如何做，应成立哪些机构，如何运行操作；高等院校作为拥有教育资源的机构，自身角色该如何定位，如何与政府、民间相关组织协调各自角色关系；该自救技能体系内容有哪些，应如何归类等；针对不同人群如何开展应急科普等。

(5) 通过对小学生可能发生的安全事故的类型分析，基于复杂事件和最坏情景打算进行情景构建；通过列出主体事件和系列事件，进行三提问式应急要点梳理，利用情景构建、任务分解、履责路径描述等三部分脚本设计方法来形成小学生遇险求生场景脚本。

(6) 界定了双盲应急演练的概念、特点及开展形式；研究了双盲应急演练模式设计架构，包括双盲应急演练规划、双盲应急演练准备、双盲应急演练实施、双盲应急演练评估与总结等四个逻辑阶段，并就每一个阶段的具体要求进行了阐述；探讨了双盲应急演练设计的相关问题。

(7) 基于现实灾难求生教育课程实践教学，提出了开展灾难求生科普沉浸式教育方法，并对该方法的具体实施过程展开了论述。

第 4 章

应急科普参与社会治理

应急科普参与社会治理有助于公众应急意识及能力的整体提升，也有助于社会和谐。本章对应急科普在社会治理体系中的扮演角色从应急文化体系建设、公共场所应急科普教育体系设计、校园应急科普实践案例等几个方面进行了系统研究。

4.1 应急文化体系建设理论与实践

2018 年 4 月 16 日，应急管理部正式挂牌成立。应急管理部的成立，意味着国家对应急管理的高度重视。突发事件频繁发生，应急管理的重要性不言而喻。在提升应急管理能力中，应急文化理论体系建设无疑扮演着重要角色。对于应急文化研究，国内研究大多集中于应急准备文化的相关研究。例如，邢娟娟认为应急准备文化是应急管理工作中的重点。[①] 但是，面对突发事件，仅靠应急准备工作是远远不够的。应急准备工作是一个起点，为了更好地应对突发事件，减少人员伤亡和损失，需要建立一套更加完备、更加科学的应急文化体系。此外，面对严峻复杂的周围环境，针对无处不在的风险因子，不仅要有防范能力，还要有应对方法。众所周知，在生产生活过程中，大多数事故是由人的差错所导致的。因此应开展全民应急文化的相关工作，应调动公众参与应急文化建设的积极性和主动性。基于上述认识，本书基于应急科学与工程体系提出应急文化五分支体系，希冀该探索性研究有助于弥补应急工作中应急文化的缺陷，有助于提升国家整体应急能力。

4.1.1 应急文化体系建设的具体内容

我国是一个自然灾害频发的国家。在长期的历史发展过程中，政府和社会各界通过不断总结灾害应急的经验教训，逐步建立起一套比较完善的应急制度体系。当应急制度形成一种体系的时候，相应地就会形成一种文化，即应急文化。基于应急科学与工程体系（应急科学、应急技术、应急工程、应急产业及应急管理五分支体系）设计，本书提出应急文化包括应急科学文化、应急技术文化、应急工程文化、应急产业文化和应急管理文化等五部分。

应急科学文化是基于科学技术研究与国家安全相结合的一种文化，属于精神文化。应急科学文化可以为应急工作的开展提供科学指导，避免相关人员在开展应急工作时走弯路，提高应急工作的效率与质量。

应急技术文化是将工匠精神与基层应急工作落地相结合的一种文化。例如，人参是珍贵的药材，参片、人参糖等这些产品是人参深加工的产物。通过深加工这种技术，人参才能以多种形式销售出去，为当地人创收。应急工作亦是如此，应急工作固然重要，但若缺乏技术的支撑，则开展起来未必会一帆风顺。应急工作需要技术去研发应急工具，需要技术去预测和解决事故，更需要技术去救

① 邢娟娟.应急准备文化体系结构与核心要素研究[J].中国安全生产科学技术，2010,6(5):82-86.

援受伤的人员，等等。

应急工程文化既指与应急工程相关的一种文化，也指将应急文化打造成一项工程、一个品牌，形成一个体系。这将是一个庞大的工程，就好比互联网这个庞大的工程，这里面融合了各种各样的信息，使用者只需要几秒的时间就可以检索出许多事件及相关信息。倘若应急文化也成为一个像互联网一样强大的工程，那么将有助于应急科普和搜寻救援等工作的开展。

应急产业文化是将应急产品与应急工作相结合的一种文化。世界上最早在博物馆业引入和运用文化产业概念并在事业上获得成功的博物馆是位于纽约的所罗门・R.古根海姆博物馆。此博物馆的运作方式被世人称为古根海姆模式。这种模式不仅打造了国际品牌，还制定了一套严谨的关于安全、意外事故处理等方面的严格制度以及保障机制。这个例子证明了形成应急产业文化的价值与意义。

应急管理文化是将政府、企业和社会三个层面的应急资源整合、协同统筹在一起，形成一种合理的安全管理理念的文化。谈起应急管理，不得不提及领导行为问题。领导行为对企业安全文化的建设起到了引领和推动作用，直接影响企业文化的形成与传播。[①] 在一场应急救援工作中，领导者（决策者）是至关重要的。领导者的行为关乎救援的黄金时间和救援者的生命安全。在许多突发事件中，存在着领导行为的盲目性，这可能导致施救人员受伤。除此之外，加强对企业设备的管理、安全设施的维护保养管理也十分重要。

文化可以理解为社会发展与人类的创造才智在历史上所达到的水平，它既体现于物质财富中，也体现于精神财富中。应急文化也是如此，从物质文化层面上讲，应急文化是为了人类能够安全生活、健康发展所创造的物质产品或者是所表现的文化，比如救生衣、灭火器、创可贴等自救类的产品。从精神文化层面上讲，应急文化是一种价值观，坚信唯有科学的技术才能降低事故的发生率和减少事故的损失。风险无处不在，人们不可能提前预料到每一个事件的发生。面对各种各样的突发事件，如何应对才是关键，科学的应急救援是应对的法宝。这就好比生病需要找医生，原因很简单，医生是专业的。医生们有着专业的措施，可以让病人很快康复。科学的应急救援也是这样，可以将受困的人们解救出来，可以更好地保护人们的生命和财产安全。依据应急科学与工程体系所建立的应急文化体系建设无疑是一条可探索的路径。

4.1.2 应急科普工作是应急文化体系建设的重要着手点

当人们购买到一件好物品的时候，下一步会干什么？大部分人都有趋同心

---

① 靳晓华，李晓艳．领导行为对企业安全文化的影响研究[J]．领导科学，2018(20)：60-62.

理，人们会尝试推荐给身边的人，让他们都去购买，从而得到一种认同和归属感。一传十，十传百，口碑才得以形成。同样，应急文化得到人们的认可后，人们就要考虑如何推动应急文化体系的建设工作。在应急文化体系建设的着手点问题上，应急科普工作无疑扮演重要角色。那么，应急科普工作包括哪些内容、如何做好应急科普工作等是急需开展研究的。

推动应急文化体系建设的关键是形成应急文化产业。只有形成应急文化产业，实现市场化运营，应急文化市场才能活起来，应急文化体系才能实实在在地做起来。应急文化产业范围较大，应急科普产业是其中一环。应急科普产业包括很多内容，例如灾难电影产业、应急科普读物产业等。因此，应急文化产业可以从推动应急科普产业切入，逐步向应急文化产业扩散。

4.1.3 人才培养与应急科学教育是应急文化产业发展的重要支撑

应急文化产业离不开人才，为了更好地培养出更优秀的应急文化产业人才，应该做到以下几点：

第一，应急文化产业应拓宽、延伸并融入工作生活。比如，将智慧城市与智慧应急应紧密联系起来。智慧城市是指运用先进的信息技术，去实现对城市的智慧管理，从而解决城市的发展难题，使居民生活得更好。智慧应急与智慧城市应相结合。在城市日益发展的过程中，将智慧应急的手段用于建设智慧城市，会大大提高效率，减少不必要的损失，降低成本。

第二，实现应急文化资源共享。假设把应急文化主体分为高校、救援专业队伍、企业和政府，那么，各主体之间应做到互惠互利、共享资源。救援专业队伍在提升自己专业技能的基础上，可以面向高校、企业以及政府展开相关培训；高校和企业内部可以组织学习应急救援技能；政府应做好后盾，发布相关文件，使每个人都知晓应急文化，同时和其他相关主体特别是救援专业队伍紧密联系。

第三，加快应急科学与工程学科体系建设，继而推动应急救援人才队伍建设。目前专业的应急救援人员还是比较缺乏的，而且也没有一个统一的标准，大部分从事应急工作的人员都是依靠自己以往的救援经验。最重要的是，应该确保应急人员无后顾之忧，保障他们福利方面的优待。应急救援人才队伍更像是战场上的士兵，他们在前线保护人民的人身及财产安全，国家和政府也应该给予他们相应的优待。教育对于国家和民族来说，至关重要。教育是民族振兴、社会进步的重要基础。同样的，应急教育对于整个国家和民族也十分重要。培养什么人，如何去培养人是应急教育的根本问题。应急教育去培养的应是致力于为人民服务的应急队伍。为了拓宽应急队伍人才建设，可以选择一些新颖的方式去培养应急救援人才，或者是采取两种方式相结合的办法。在 21 世纪的今天，网络及科技的应用可以让更多人在短时间内接受专业的应急教育。

4.1.4 任务驱动式的国家应急文化体系专项研究势在必行

应急文化体系建设需要边实践边建设，在实践中不断完善理论，在理论中不断提高实践效能。因此，应急文化体系建设需要以任务驱动方式来开展。例如，可由相关部门牵头设置国家应急文化体系建设专项课题开展基础研究工作。国家应急文化体系建设专项课题应主要包括两部分内容：应急文化理论部分和应急文化实践部分。

应急文化理论部分主要包括：应急科学与工程知识体系基础研究、应急文化教育体系基础研究、应急文化方法论基础研究、应急文化传播基础研究等。概括来讲，应急文化理论部分是书本上的理论知识，大部分是通过各种案例、翻阅资料不断地去钻研学习，然后提出新的理论，再加以实践。比如，零报告制度。零报告制度是指从第一次上报开始，即使后来没有发生新的情况也要向上级报告。倘若管理者不知道零报告制度的意思，那么上级领导就很难下达准确的命令并难以派出救援。类似这样的术语还有很多。只有通过理论学习，才能够更好地在事故现场去沟通，便于开展好应急救援工作。

应急文化实践部分主要包括：常见典型灾难求生教育基础研究、应急体验场馆（训练基地）建设基础研究、应急文化人才培育定位与培养策略基础研究、应急文化资源共享信息平台基础研究等。应急文化实践部分简单来说就是把一些文化理论用于实践，创造一个实践平台，去解决应急工作中的问题。比如，应急文化资源共享信息平台基础研究，是为了解决目前数据信息存储杂乱等问题。该共享信息平台的搭建，不仅有利于智慧城市建设，而且有利于应急文化的传播与发展。

4.2 公共场所应急科普教育体系设计

2005 年 2 月 18 日，英国食品标准局对公共场所食品进行检查的过程中因发现有苏丹红，在英国范围内先后下架 500 多种产品。随即中国国家质检总局开展对进口食品和国内食品的检测，发现在我国 11 个省市 30 多家企业的 88 个样品被检测出了苏丹红。[①] 美国纽约的世界贸易中心和肯德基连锁店都属于公共场所，在这些场所发生的恐怖袭击和苏丹红事件都属于突发事件。可见，公共场所的突发事件具有在较短时间内忽然发生的社会负面事件的特征，它可能在短时间内迅

① 苏丹红事件食品添加剂问题敲响警钟[EB/OL].(2010-02-26)[2018-11-19]. http://chihe.sohu.com/20100226/n270488594.shtml.

速蔓延到全国乃至全世界，从而演变成全球灾难事件。

从社会视角来看，公共场所属于半开放或开放环境。由于具有人群密度大、人员流动量大、环境状况多变、空间设置复杂等特点，公共场所的安全防范工作很难做到尽善尽美。在没有安全防范机制的条件下，公共场所一旦受到外界非正常活动的侵犯，自身将难以形成灾难快速应答机制，更难以形成“防护伞”来抵御侵犯，因此容易造成不良后果的扩散，逐渐发展成公共场所的灾难。比如，2010 年 8 月 28 日，沈阳市万达商业广场火灾造成 9 人死亡、9 人伤残。① 2018 年 7 月 5 日，普吉岛翻船事故造成 47 人遇难；②2018 年 10 月 26 日，在重庆一妇女持刀冲入一幼儿园砍伤 14 名儿童。这一系列公共场所突发事件对公众正常生活和社会经济造成了无法挽回的痛苦和不可弥补的损失，也引导着人们思考这些事故是否真的无法预防、不可避免等问题。深入探究这几个案例可知，突发事件的演变过程是有规律可循的。根据突发事件的发生发展规律进行阶段性目标设立，将这些目标运用在公共场所防灾减灾工作中将带给人们带来无穷的收益。例如在事故发生之前可实现早检查、早部署、早剔除的“三早”灾难防范目标，在中期实现快速反应、快速部署、快速启动的“三快”灾难应答机制目标，在后期实现低扩散、低损失、低影响的“三低”灾后应对措施实施目标。但是，公共场所容纳着大量的活动人群，如果这些活动人群对于正确处理公共场所的突发事件缺乏最基本的常识，那么将无法实现上述三个目标。对于人员结构复杂的社会群体来说，想要完成公共场所防灾减灾工作，公共场所应急科普是解决该问题的重要途径。

从政府视角来看，公共场所是突发事件发生频率最高的红色警戒区域，公共场所的安全问题决定着国家的和谐稳定和经济的发展速度。国务院相关文件的下发已经表明了政府对应急科普教育工作的态度。例如，2005 年，《国务院关于实施国家突发公共事件总体应急预案的决定》明确指出：要在全社会范围内开展灾难的预防、救助、减免等内容的宣传培训工作。同年，国务院在北京召开全国应急管理工作会议，会议强调要普及公共安全、减灾防灾、灾难救助等突发事件的应对知识，持续深入强化公众对社会安全的责任意识、对公共场所环境的风险意识，最大限度地降低灾害发生的频率；随之，国务院办公厅出台了《应急管理科普宣教工作总体实施方案》来响应会议精神。③ 2006 年，《国务院关于全面加强

---

① 沈阳铁西万达商业广场发生火灾致 9 死 9 伤[EB/OL]. (2010-08-28)[2018-11-19]. http://www.gov.cn/jrzg/2010-08/28/content_1690518.htm.

② 普吉沉船 47 遇难者遗体全找到[EB/OL]. (2018-07-12)[2018-11-19]. http://www.sohu.com/a/240663735_148781.

③ 国务院办公厅关于印发应急管理科普宣教工作总体实施方案的通知[EB/OL]. (2005-10-21)[2018-11-15]. http://www.gov.cn/zhengce/content/2008-05/05/content_1196.htm.

应急管理工作的意见》指出：要突破传统传播方式，整合运用新媒体传播途径，持续深入扩大应急科普宣传教育工作的覆盖面；要提倡积极开展社会公益性质的宣教工作；要进一步充分体现来自社会各行各业的力量对科普教育工作的支持。[①] 2016 年，国务院办公厅公布修订后的《国家自然灾害救助应急预案》指出：要通过媒体活动宣传应急相关的法律法规，要组织好全国科普日活动的开展工作，要以社区减灾活动推动综合减灾工作的开展。[②] 2017 年，国务院办公厅出台的《国家突发事件应急体系建设"十三五"规划》指出：要通过建设实体大型安全教育基地、标准化应急知识科普库、网上科普宣教平台和应急虚拟体验馆来激发公众对科普教育工作的兴趣和爱好。[③] 同年，由科技部、中央宣传部出台的《"十三五"国家科普与创新文化建设规划》提出，科普教育工作中要加大社会新元素的投入量、满足市场化的科普服务需求、供应精准定位的科普产品和建立行之有效的科普法律法规。[④] 2018 年的《政府工作报告》指出，要推动应急管理标准化建设，健全应急预案体系，进一步推进应急科普宣传教育工作的开展和各行各业应急管理能力的提升。[⑤]

在社会视角下从国内外公共场所发生的各项重大事故可以看出，广泛地开展应急科普教育工作已经迫在眉睫；在政府视角下从各项政策的出台可以看出，应急科普教育工作被提升到了一个空前的高度。在以往的传播过程中，应急科普采用的是"突发事件应急处置"理念，运用"你讲我听"的传播形式和"单方向"的信息传播途径对"固定化"的应急知识进行普及。从目前国家经济发展水平来考量，这种应急科普形式已经不能满足社会的现实需求了。当今社会迫切需要以科学为理念的新应急科学知识普及体系的形成来满足需求。应急科学与工程知识体系应运而生。[⑥] 本书根据应急科学与工程知识体系理念，将应急科普划分为五大体系，从应急科普教育的基础研究和科学传播两个方面进行了阐述，并运用落地工程对其加以系统论证，系统探索公共场所应急

---

① 国务院关于全面加强应急管理工作的意见[EB/OL].(2008-03-28)[2018-11-19]. http://www.gov.cn/zhengce/content/2008-03/28/content_1177.htm.

② 国务院办公厅关于印发国家自然灾害救助应急预案的通知[EB/OL].(2016-03-24)[2018-11-19]. http://www.gov.cn/zhengce/content/2016-03/24/content_5057163.htm.

③ 国务院办公厅关于印发国家突发事件应急体系建设"十三五"规划的通知[EB/OL].(2017-07-19)[2018-11-19]. http://www.gov.cn/zhengce/content/2017-07/19/content_5211752.htm.

④ "十三五"国家科普与创新文化建设规划[EB/OL].(2017-05-31)[2018-11-19]. http://www.sinoprobe.org/news_show.aspx? id=2023.

⑤ 政府工作报告[EB/OL].(2018-03-05)[2018-11-19]. http://www.gov.cn/zhuanti/2018lh/2018zfgzbg/zfgzbg.htm.

⑥ 钱洪伟.从科学应急到应急科学[J].决策探索,2018(10):1-3.

科普知识传播的策略和方法。

4.2.1 公共场所的概念、范围及特点

4.2.1.1 公共场所的概念

哈贝马斯在《公共领域的结构转型》一书中率先提及公共领域一词的形成：从一个完全开放式的公众交往空间中分裂出来，形成了一个联系较为密切的开放区域，这个区域既不属于私人所有也不属于政府所有。[①] 这里所提出的概念主要运用于社会批判，后人根据社会生活和科学研究的需求，逐渐将公共领域演化成公共空间、公共场所等。扰乱公共秩序罪是指在公众场所像车站、码头、民用航空站、商场、公园、影剧院、展览会、运动场或其他公共场所进行正常秩序的扰乱行为。可以看出，上述公共场所都属于共有空间，在不违反法律法规和原有秩序的情况下，任何人、事、物均可以任何名义自由出入。《隐私权的法律保护》一书指出，公民在公共场所的隐私权从法律意义上来看，既有保护的必要也有限制的必要。[②] 可以看出，这里公共场所的范围不是由公众自身决定的，而是由公共场所的所属人来决定其范围的大小。《基于空间分类的公共场所治安治理》指出，有些公共场所需要购票和消费才可以出入，这些只是出于经济需求而非故意设卡，公共场所是公众可以凭借个人意志自由进出并开展所需业务行为的场所。[③] 公共场所是指公众进行工作、学习、经济、文化、社交、娱乐、体育、参观、医疗、卫生、休息、旅游和满足部分生活需求所使用的一切公用建筑物、场所及其设施的总称。[④] 从个人视角来看，公共场所是服务于多数人而非单个人的不同需求所需要占有的区域，它的存在形式不拘泥于是否有实体物品做支撑，既可以是实体的也可以是虚拟的。

4.2.1.2 公共场所的范围

不同情况下，公共场所范围的定义也不同。在生活中，公共场所的界定主要取决于人们的生活常识和自我意识。比如带有“公共浴室”“公共场所禁止吸烟”等标语的场所，街道、广场及风景区等区域开放人流量大的场所范围，候车室、商场及图书馆等区域封闭且人员密集的场所等。在法律意义上，公共场所范围的界定相对模糊，在某空间中形成犯罪事实并危害公众利益，这些空间都属于公众场所。比如：公开宣传恐怖主义、偷盗他人财物、不遵守公共场所秩序等行为的

---

① 哈贝马斯.公共领域的结构转型[M].曹卫东，王晓珏，刘北城，等译.上海：学林出版社，1999：4-18.

② 张新宝.隐私权的法律保护[M].2版.北京：群众出版社，2004：266-281.

③ 陈龙龙.基于空间分类的公共场所治安治理[D].北京：中国人民公安大学，2017：15.

④ 王铁战.公共场所卫生管理与监督[J].中国公共卫生管理，2006，22(3)：216-217.

发生地。根据《公共场所卫生管理条例》,结合现有研究工作内容,笔者对公共场所进行了细化分类,根据功能不同具体总结出了11类(见表4.1)。

表4.1 公共场所的类别及种类

类别	种类
住宿、生活场所	宾馆、饭馆、旅店、招待所、咖啡馆、酒吧、茶座等
洗浴、美容场所	公共浴室、理发店、美容店等
文化、休闲场所	影剧院、录像厅(室)、游艺厅(室)、舞厅、音乐厅等
体育、游乐场所	体育场(馆)、游泳场(馆)、公园等
文化、交流场所	展览馆、博物馆、美术馆、图书馆等
购物场所	商场(店)、书店等
就诊、交通场所	候诊室、候车(机、船)室、公共交通工具、交通道路等
集会、交流场所	集贸市场、演出场馆、展销场馆、竞技场地等
休闲、娱乐场所	游乐场、旅游游览区、公园等
工作、商谈场所	办公室、会议室、写字楼等
虚拟场所	网络空间、证券交易市场、App端口等

其中,虚拟场所在众多类别中属于新事物。伴随着科技发展,由人类、科技、信息资源之间相互联结而形成的新型虚拟场所在公众生活中逐渐占据重要地位。虚拟场所具有群体集聚、物资资源共享、信息多向传播等三个特征,与其他公共场所的特征相符,因此属于公共场所。① 同时,虚拟场所也由网络人口、网络环境和网络信息资源构成,能够提供给公众的服务项目与实体空间所提供的项目是一样的,比如视频会议代替会面交流等。由于虚拟场所的隐蔽性、便捷性、广阔性、经济性等特点,人们趋向于将虚拟空间和实体空间进行有机结合以为生活提供更多服务。比如:电子商务交易网、购物网、人才招聘网、旅游网、证券交易市场等。

4.2.1.3 公共场所的特点

由公共场所的定义和范围可以推断出,公共场所主要是由人口、资源、环境、政治、文化及经济等要素组成。从应急科普的角度来说,本书仅从人口特征、资源特征、环境特征三个社会热点因素加以论述。应急科普中的人口特征是指出入公共场所的人员具有随机性和聚集性。虽然这些公众的性别、年龄、民族、身

① 廖紫莹.信息网络空间的公共场所属性辨析:以网络型寻衅滋事罪为视角的观察[J].沈阳干部学刊,2017,19(4):55.

体状况、职业岗位等不尽相同，但是大家均聚集在同一个场所开展各项活动来满足自身需求。资源特征是指公共场所的物资、空间、时间不具有排他性和竞争性，一个群体的正常使用不会影响另一个群体的正常使用，因此同一个物品可能由多数人同时使用或者相继使用。环境特征是指，由于公共场所由自然环境和人工环境组成，政府、社会、个体对它都有不同程度的影响，反之公共场所中的事件也影响着公共场所的环境。

公共场所具有上述三个特征，突发事件的发生是三个特征负向作用的结果。将人口特征、资源特征作为主导因素，环境特征作为诱导因素可能会发生踩踏、火灾、爆炸、袭击、交通事故等突发事件；将资源特征和环境特征作为主导因素，将人口特征作为诱导因素可能会发生公共设施和设备事故、不明原因传染病、重大疫情、食物中毒等突发事件；将人口特征和环境特征作为主导因素，将资源特征作为诱导因素可能会发生经济安全事件、涉外突发事件、社会恐慌和暴乱、环境灾害事故等突发事件。

4.2.2 公共场所突发事件的类型及特点

4.2.2.1 公共场所突发事件的类型

公共场所突发事件是指在不确定的短时间内，公共空间所发生的非常规事件。公共场所突发事件可能会对生命财产安全造成重大损害，也可能会造成生活秩序混乱或形成严重社会危害。按照发生区域、发生原因、事件的紧急程度、造成损害的程度等标准进行划分，公共场所突发事件可划分的类型见表 4.2。

表 4.2 公共场所突发事件的分类

分类方式	分类内容	突发事件名称
发生区域	公共娱乐场所	火灾、打架斗殴、故意伤人、意外死亡等
	公众集会场所	踩踏、聚众斗殴、群体闹事、爆炸、交通安全等
	公众生活场所	水火电气灾害事故、中毒、传染病、打架斗殴、偷盗、建筑物倒塌等
	公众工作场所	集体罢工、聚众斗殴、职业病、生产作业事故、设备因素事故、暴力事件等
	虚拟场所	诈骗、网络舆论、意识形态安全危机、信息泄露等
发生机理	人员伤亡类	重大交通事故、地震、海啸等
	财产损失类	盗窃、金融危机等
	环境破坏类	粉尘污染、有害能源泄露、烟雾事故、工业废水排放等
	社会危害类	传染病、爆炸、袭击、车辆倾覆、飞机失事等

表 4.2(续)

分类方式	分类内容	突发事件名称
影响范围	自然灾害	地震、海啸、干旱、冰冻、洪水等
	事故灾害	交通安全事故、化学品危害事故、施工安全事故等
	公共卫生事件	疫情、食物中毒、职业损伤等
	社会安全事件	恐怖袭击、非法集会、故意杀害等
危害程度	轻度危害类	未造成人员伤亡
	中度危害类	造成人员损伤和财产损失
	重度危害类	造成重大人员伤亡
发生原因	政治性事件	静坐、请愿、游行示威、政治信任危机、宗教冲突、意识形态安全危机、军事突发事件等
	经济性事件	金融危机、盗窃、诈骗、挪用公款等
	社会性事件	爆炸、袭击、疫情、中毒、刑事案件等
	生产性事故	矿难、粉尘事故、烟雾事故等
是否可以事前预防	可预防性	火灾、交通事故、群体事件、有害能源泄露等
	不可预防性	地震、台风、海啸、暴雨、高温等

4.2.2.2 公共场所突发事件的特点

公共场所突发事件主要有如下五个特点：

(1) 公共场所活动中随时可能会发生对公众身体和财产有损害的安全风险。公众是安全风险的主要承担者。比如在公共场所发生疾病传播和爆炸事故，在大型活动中发生火灾和踩踏事故，在群体性活动中出现偷盗和动乱事件，等等。

(2) 公共场所活动过程中由于突发事件处理不当易造成负面评价的风险。公共场所的拥有者和使用者是信用风险的主要承担者。突发事件本身具有负面性，如果处理不及时、不得当会引起社会的否定或攻击。比如，突发事件处理不当造成二次损伤，媒体的负面评价引起政府、企业、公共场所管理者的信用危机风险，等等。

(3) 公共场所活动过程中因管理组织架构不完善、管理人员配备不足、管理人员素质低、信息不对称等引发的风险。公共场所使用者是管理风险的主要承担者。这类风险主要体现在公共场所管理过程的细节问题上。

(4) 公共场所在用于开展活动的过程中因发生突发事件而引发的经济损失风险。公共场所使用者、拥有者和公众都是此类风险的承担者。公共场所大型活动往往伴随着经济效益的产生，突发事件的发生会严重影响经济效益的产出，形成经济风险。比如台风、地震、火灾、爆炸、聚众闹事等突发事件造成商业活动的暂停或搁置从而引发经济损失。

(5) 因公共场所使用者的失误对公众和活动场所拥有者的人身财产造成损害,而由公共场所使用者所应当承担相应义务责任和法律责任的相关风险。公共场所使用者是此类风险的主要承担者。

公共场所突发事件的上述五个风险特点彼此之间互相关联。一种风险发生,可能会引起其他几种风险发生,而各种风险之间相互影响,又使最初的风险变大。因此,解决诸多类型风险的有效措施之一便是提高相关风险利益人群的应急科普意识、知识和技能。无疑,通过公共场所应急科普教育进行预防和规避公共场所诸多风险是一种有效途径。

4.2.3 公共场所应急科普教育的内容

4.2.3.1 应急科普教育逻辑出发点

2003 年"非典"事件爆发后,应急管理一词进入了公众的视野,国家对应急教育日益重视。随之,很多学者开始将"应急管理教育"这一新兴学科作为自己研究的方向。这一时期的研究主要局限于相关专业人才培养、学术论文发表和体系建设等方面。随着汶川地震、南方特大雪灾、广西特大暴雨、深圳山体滑坡事故、8·12 天津爆炸事件等大型公共场所灾害事件的发生,政府开始在应急高精尖人才培养、符合国情的应急体系建设及应急理念宣传等多方面下功夫,企业开始通过科技发展、工程项目建设、产业能力提升等多途径寻求发展,同时以减灾防灾为主的应急科普教育工作也开始向公众进一步渗透。但是在应急科普教育工作者的实践过程中可发现,公众群体对应急管理理念、政府政策文件、减灾防灾技能、安全设备配置、应急科技发展等内容不甚了解,而且从应急管理角度将政府、企业、公众三者进行融合又颇难实现。这一切都倒推着一种新的应急管理体系的出现——2017 年应急科学与工程知识体系出现。应急科普教育体系是应急科学与工程知识体系的有机组成部分,标志着传统分割式应急科普教育思想的落幕和新时代综合式应急科普教育体系思维的初步形成。

应急科学与工程知识体系建设包含科学、技术、工程、产业、管理等五大方面。采用科学、技术、工程、产业及管理等措施,对公共场所突发事件发生的前、中、后三个阶段,全面系统地展开防范机制和应答机制方面的研究,其目的主要是采用科学、技术、工程、产业及管理等措施防范与应对突发事件。以此来看,可以将公共场所应急科普教育体系分为基础理论(Basic Theory)、科技攻关(Technology Problem Tackling)、项目工程(Project Engineering)、产业服务(Industry Services)、管理整合(Management Integration)等五大体系,即

BTEIM 应急科普教育。

BTEIM 应急科普教育既是一个教育体系，也是一种教育理念。它将传统单一的基础理论教学进行了拓展，融入了以应急科学为核心的科研机构、企业公司、社会团体、政府组织等单位，从而达到将应急科普知识进行广泛传播的目的。在公共场所应急科普教育体系中，基础理论体系是指针对公共场所突发事件处置过程中各类事物的普遍存在及其规律的研究过程；科技攻关体系是针对公共场所突发事件的物资需求、理念构造、信息交互的研究过程；项目工程体系是指公共场所突发事件中所需的专业学术门类的研究过程；产业服务体系是指研究公共场所突发事件中将系统性防范措施与应急准备、检测预报预警、实施策略和提供救援进行产业化服务的过程；管理整合体系是指针对公共场所突发事件不同阶段形成的防范机制、应答机制、处理机制和经验总结的研究过程。笔者将马斯洛需求层次理论中的五个需求层次，对应 BTEIM 应急科普教育中的五个体系在科普教育中扮演的角色进行了简要阐述，见表 4.3。

表 4.3　BTEIM 应急科普教育体系解析表

五大体系	需求层次理论	科普教育十步骤	包含内容
基础理论体系	科普工作的基本需求	① 研究公共场所突发事件成因和过程，总结出理论知识 ② 以理论知识为基础，进行灾难的发生发展和救助知识普及	科普知识、教育方法、新媒体教育、应急心理、情景构建、仿真演练、应急智力资源的运用等
科技攻关体系	开展应急科普工作的需要	③ 根据科普过程的需要，将技术转化为教育传播设备 ④ 研发的科普产品使得科普教育工作变得寓教于乐，进一步提升应急科普知识的引导性	设备、用品、组织架构、运转机制、智库信息、系统保障等多方面的技术攻关等
项目工程体系	科普项目专业技能的需要	⑤ 运用专业知识将科普内容进行项目分类 ⑥ 在突发事件过程中以项目分类为依据，对专业知识的基本原理和使用方法进行普及	应急工程体系建设、应急信息开发工程、应急安全工程、应急预防工程、应急灾难救助工程等
产业服务体系	科普工作方式转变的需要	⑦ 将科学技术的研发、项目工程的实施，从“多专多能”转变为“一专多能” ⑧ 将政府的“一揽子”服务转变为社会组织提供的专业服务	课程体系设计、装备系统开发、项目落地对接、市场化服务等

表 4.3(续)

五大体系	需求层次理论	科普教育十步骤	包含内容
管理整合体系	科普工作自我价值实现的需要	⑨ 对突发事件的整体过程和管理体系的优缺点进行梳理和总结 ⑩ 研讨更加专业的灾难预防、应对和处置体系	企业应急管理、社会应急管理、政府应急管理等

随着BTEIM应急科普教育体系的提出，应急科普教育已经转向了理论科学化、科学技术化、技术项目化、项目产业化、产业价值化等五种教育模式。这五种教育模式相互融合，形成一个旋转攀升的发展趋势。在未来的科普教育工作中实现理论科学化的科学教育、科学技术化的技术教育、技术项目化的项目教育、项目产业化的产业教育和产业价值化的战略教育等五大教育体系将成为一种趋势。

4.2.3.2 公共场所应急科普教育内容基础研究

在以地震求生为主题的科普教育课堂中，教师应讲解库普不科学的"生命三角"求生法，还是讲解罗伯茨科学的"伏地、遮挡、手抓牢"求生法？在火灾求生主题的科普教育课堂中，什么条件下可以使用"匍匐前进"的方法求生，什么条件下可以使用"卫生间避难"的方法求生？一系列问题说明，应急科普教育内容一方面是知识传播，另一方面是科普基础研究。科普知识只有做好了基础研究工作，才能进入基础研究成果转化，即知识传播环节。公共场所应急科普教育基础研究主要是以突发事件中灾难求生(自救和互救)方式为内容开展的科普教育。突发事件中灾难求生方式是指救灾工作者通过对灾难发生机理的研究，从救助经验中总结出救灾经验，从而总结出灾难求生的方式方法。这种求生的方式方法并不是一成不变的，人们需要从大量的实践演练、模拟情景中进行观察，进而改进或创造新的灾难求生方式。由此看出，公共场所应急科普教育内容基础研究逻辑同公共场所科普教育内容研究逻辑，即"灾难发生基础理论研究—救助经验总结—救助技术形成—模拟改进—业内认可的救助行为模式(形成标准)—检验评价—行为规范"。基于此逻辑的灾难研究为公共场所应急科普教育内容的基础研究。

从科学社会学的角度来看，任何规则标准的形成都经历了"认知、行为、规范"三个层次。[①] 在此笔者将公共场所应急科普教育基础研究分为三个层次：理论知识研究、认知行为研究和标准形成研究。在应急科普教育工作中，理论知识

① 李文钊.论作为认知、行为与规范的制度[J].公共管理与政策评论，2017(2)：3-18.

研究应当是在探索突发事件救助领域中，以帮助研究者认知灾难、揭示突发事件存在的客观规律为目的的科学活动。理论知识研究的主要作用是发现灾难求生方法的不妥之处，并完善或创新灾难求生方法。认知行为研究是通过实验操作和实践训练来使公众对灾难求生知识的固有认知发生改变，从而实现科学求生行为的一种活动。认知行为研究的主要作用是使公众摒弃不当灾难求生方法，学会新的科学的灾难求生方法。标准形成研究是将灾难救助的经验、方式方法进行梳理和总结，形成标准规范、条例制度科学的一种活动。标准形成研究的主要作用是使公众摒弃从众和服众心理，形成条件反射式的固有行为习惯。

从教育教学的角度来看，可以将公共场所应急科普教育内容基础研究分为初等、中等、高等、社会等四个层面。初等教育研究是以小学生为对象，开展初步了解灾难自救和生命教育的过程，主要包含应急求助渠道研究、求生科普基础知识研究、自救基础知识研究、生命教育研究等。中等教育研究是以中学生（初中、高中）为对象，开展逃生自救方法训练和心理健康知识学习的过程，主要包含灾难心理教育研究、掌握正确逃生方法研究、灾难中自主思考能力研究等。高等教育研究是以高校学生（大学生、研究生）为对象，开展应急专业的实训演练、文化产品宣传、主题活动开展和思想认知教育的过程，主要包含心理素质教育研究、熟练掌握灾难自救方法教育研究、应急演练教育研究、安全意识提升教育研究、应急专题讲座教育研究、应急专题活动研究等。社会教育研究是以除学校之外的家庭、工作单位等为对象，开展日常灾难知识普及、教育场馆的培训和志愿者服务队伍建设等工作的过程，主要包含应急知识理论研究、安全理念教育研究、灾难专业技能教育研究、应急素质教育研究等。

4.2.3.3 公共场所应急科普教育传播

科普教育传播是公共场所应急知识传播的必由之路，先后曾经历了灌输式讲解的传统时期、思维解放的公众认可时期、思想返潮的公众倡导时期。[①] 目前，公共场所应急科普教育传播大多还停留在传统时期，把应急教育科普看成是应急科学知识从已知群体向未知群体转移的单方向传播。很显然，这种理解是错误的。比如，2017 年全国上下纷纷开展“创新驱动发展，科学破除愚昧”主题科普日活动。该活动主要由北京主场活动和属地活动以及全国各省市的联合行动组成，据统计全国共举办了 11 154 项主题活动，其中 10 230 项是线下主题活动，924 项是线上主题活动。[②] 该项活动的辐射范围之广、活动力度之大，并不是

---

① 郭乐. 科学传播史中科学观的演变[D]. 杭州：浙江大学. 2015：1-2.

② “典赞·2017 科普中国”2017 十大科学传播事件揭晓[EB/OL]. (2018-01-29)[2018-11-19]. http://www.xinhuanet.com//2018—01/29/c_136933571.htm.

凭借单一传播途径就可以实现的，而是运用了一种公众广泛参与的科普教育活动的方式。

公共场所应急科普教育的传播途径可以分为线上传播和线下传播，应急科普教育的传播形式可以分为实体传播和虚拟传播。随着人们生活方式的改变，科普教育的传播越来越多地利用了线上线下相融合，实体虚拟相结合的传播途径。比如，在应急场馆设计上不仅有实物展览和实物体验，也有VR地震体验台、VR火场逃生体验台、VR车祸体验台、3D投影海啸场景、球幕影院、4D影院等设备，未来还可能将全息投影技术应用到应急科普教育过程中，让体验者可以身临其境感受灾难的危害。例如，天津市新河街消防体验馆充分将视觉、听觉、感觉进行融合使体验者身临其境，实现了三维立体式的安全教育模式；金华市交通安防体验馆采用警示区、3D影院、模拟驾驶、交通安全测评等形式使体验者在演示环境中受到震撼与冲击；陕西安康地震科普体验馆可模拟地震场景，高度真实还原现场，让体验者真实地体验到地震的形成和发生。

4.2.4 公共场所应急科普教育落地工程分析

公共场所应急科普教育工作是从社会角度开展防灾减灾工作的重要途径。应急科普教育虽然不是公众的必修课，但是因为公众在具有不安全因素（人的不安全行为和物的不安全状态）的环境中生存，所以应急科普教育承载着保障公众安全的责任。这项工作的开展不能停留在喊口号、发论文、重学术的“科学研究”层面，而应利用BTEIM应急科普教育体系将“应急科学”实实在在地变成落地项目。在应急科普教育工作开展过程中，应急科普体验馆建设、应急产业园建设是较为成功的落地项目。

应急科普体验馆是公共场所应急科普教育工作中涉及范围最广的一种传播途径，它将基础科学理论、基本实验条件、求生技术技能等融为一体，以灾难事故情节设定为背景，以单一灾难类别设置的“灾难屋”为载体，让体验者身临其境地感受灾难的发生过程，并掌握逃生技巧。比如：中山市595应急救援科普馆是将灾难救助方式的普及、灾难场景应急管理的培训、应急志愿者无偿服务的价值等进行综合开发的公益服务项目；天水防震科普体验馆是以地震为主题，将灾难发生发展的科学知识、避震避险训练、VR地震体验等多个内容进行科学合理的融合，以提升科普教育的观赏性和趣味性以及公众的参与度和支持度。

应急（安全）产业园是公共场所应急科普教育工作中涉及教育内容最全面的一种传播途径。应急（安全）产业园以安全生产为主题，为保障公共场所安全提供专用技术、专用产品和专项服务，是由从事安全产业的企业组成的专用工业园区。不同公共场所中的负向主导因素不同，引发的突发事件类型也不尽相同，该类产业园则根据其各自特点分别提供专属科普传播内容。比如：徐州国家安全产业科技园承载着矿山安全、危险化学品安全、交通安全、消防安全以及其他安全产品和技术等领域的科普教育和产品孵化工作；江苏铜山安全科技产业园将“产学研”密切结合，建立科研平台，实现校企合作，培养科技人才。

从应急科普教育逻辑出发点来看，应急科普体验馆和应急（安全）产业园都符合 BTEIM 应急科普教育体系。应急科普体验馆一方面承载着公共场所突发事件的发生原理、救助知识、传播方式等基础理论研究；另一方面承载着将灾难情景化、救助方式体验化的科学技术攻关，将灾难进行类别化、专业化的项目工程建设，将灾难预防、救助、善后服务进行产业化，将公共场所的管理方式、手段、途径进行整合等任务。综上，应急（安全）产业园承载着建立公共场所灾难基础理论的研究平台；进行救助设备的研发攻关；根据灾难类别不同形成类别化、专业化的项目工程，为救灾提供专业化的产业服务；整合应急安全资源；完善应急管理体制等任务。

从公共场所应急科普教育传播角度来看，应急科普体验馆属于理论知识研究和认知行为研究阶段，应急（安全）产业园属于标准形成研究阶段。应急科普体验馆主要针对的是初等教育和中等教育研究，应急（安全）产业园主要针对的是高等教育和社会教育研究，尤其是针对政府和企业组织的研究。在应急科普项目落地的过程中，充分发挥了应急科普教育在灾难预防和灾难救助中的优势，增强了公众的灾难意识和忧患意识，激发了公众的责任意识和担当意识，提升了公众的灾难救助能力和灾难应对能力，形成了全民参与应急科普、全社会努力减灾防灾的大好形势，逐渐将应急科普教育工作向常态化、规范化和法制化推行。

4.3 校园应急科普实践案例(一)：性别差异视野下大学校园风险识别及防范

4.3.1 研究背景及研究意义

安全是社会发展的前提，是人类生存和发展的保障。大学校园作为社会的一部分，被赋予了培养国家未来栋梁和社会精英的重要责任。因此，大学校园安全也已经成为高校开展基本教育工作和持续发展的前提。在经济高速发展的今天，国家对于高等教育的重视程度越来越高，高校的规模也越来越大，因此与之相伴的校园安全风险也逐渐增多。校园安全是在校师生进行知识传播和学习的基础。近年来，各地高校频发校园安全事故，这使校园安全成为政府和社会关注的焦点。威胁着校园安全的风险隐患普遍存在且类型多种多样，有些是有迹可循的，有些却是意外无法预测。错综复杂的校园安全风险需要进行科学的识别和分析。

伴随着社会的不断进步，各类社会矛盾也更加突出，这对高校的安全建设有着极大的影响。近年来，各类校园安全事件接连发生，大学校园的秩序和安全遭到了较大的威胁。在这样的情况下，高校安全风险管理体系的构建成了政府和高校一项共同的紧急任务。风险识别是风险管理过程中的重要环节，是进行风险衡量、风险评价、风险控制与防范的基础。风险管理的目的是有效控制和防范风险，将风险发生的可能性和造成的损伤降到最低。作为校园安全事件的主体，教职工和学生对于校园中可能存在的安全风险隐患的认知和危险意识对于防范校园风险尤其重要。不同学生群体（例如男生和女生）对于安全风险隐患的理解、重视程度以及可能遭遇到的安全风险都有所不同，因此根据性别差异进行大学校园的风险研究具有针对性。

4.3.2 问卷编制及问卷调查实施

4.3.2.1 问卷编制

1. 问卷编制基本原则

问卷中问题的提出应简明、准确、符合主题。在语言上要注意表达的规范性，以确保被调查对象能够清楚了解每个问题的含义，避免模棱两可的表述。问卷中的题量应适中，具备规范性的布局，各类题目按照一定的布局逐个提出。答案和问题应相对应，不能答非所问、互相矛盾。具有多方面答案的问题选项应依次列出，避免遗漏。交叉包容性的答案不能并列，以免让被调查者陷入难以作答的困境。同时，应反复检查问卷，及时修正错误。

2. 问卷编制内容

问卷的内容编制主要参考了风险损失清单（见附录 1），同时结合了河南理工大学校园实际情况。

4.3.2.2 调查对象

河南理工大学在校本科生和研究生。

4.3.2.3 调查内容

不同性别的大学生对于校园中各种潜在安全风险的识别能力及防范意识均有所差异。本部分的调查内容主要分为七个方面：消防安全风险、财产安全风险、食品卫生安全风险、人身安全风险、网络安全风险、交通安全风险和心理健康安全风险。

4.3.2.4 调查方法

根据风险损失清单中所列风险，将所有风险汇总分类。按照消防安全风险、财产安全风险、食品卫生安全风险、人身安全风险、网络安全风险、交通安全风险和心理健康安全风险等七种风险类型设计出合适的问题及选项，设计调查问卷，并通过网络媒介分发给不同年级、不同学院的在校学生进行调查。

4.3.3 问卷调查结果分析

根据风险损失清单表和指导老师的意见设计调查问卷(见附录2)，问卷内容编写完成后通过网络媒介分发给相应的学生进行调查。本次问卷调查共收回有效问卷202份，其中男生96份，女生106份，问卷有效率为100%，具备统计分析意义。问卷设计分为七大方面，共30小题，下面针对每个小题分性别进行对比分析。

4.3.3.1 消防安全风险

图4.1显示，男生与女生在宿舍使用过大功率电器的比例为50%～60%，男生在宿舍使用过大功率电器的比率比女生稍高，但是相差不大。

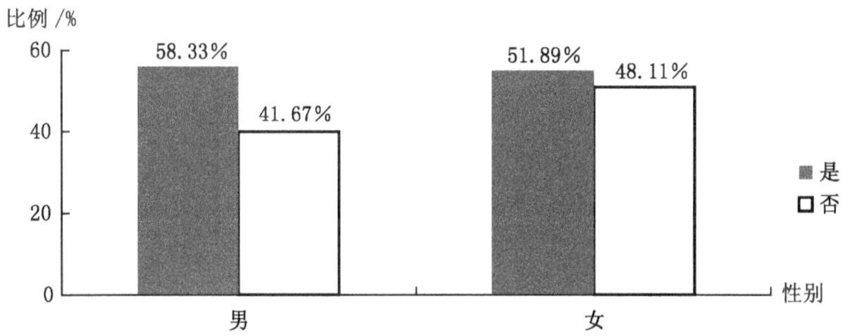

图4.1 是否在宿舍使用过大功率电器统计比例图

图4.2显示，大部分学生会严格遵守学校禁止在宿舍使用大功率电器的规定，但也有30%以上的学生表示会在宿舍偷偷使用大功率电器，其中女生会偷偷使用的比例比男生稍高，但相差也不大。

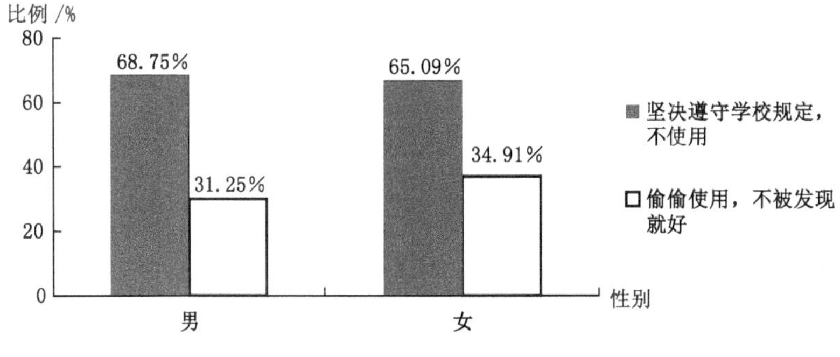

图4.2 学校明确禁止在宿舍使用大功率电器后，学生的做法统计比例图

图4.3显示，35%左右的男生和不到18%的女生对于平时所在场所（宿舍楼、教学楼、图书馆等）消防设施和安全出口的位置非常清楚，将近60%的男生和70%多的女生表示仅仅知道一些，5%左右的男生和10%左右的女生表示基本不知道。

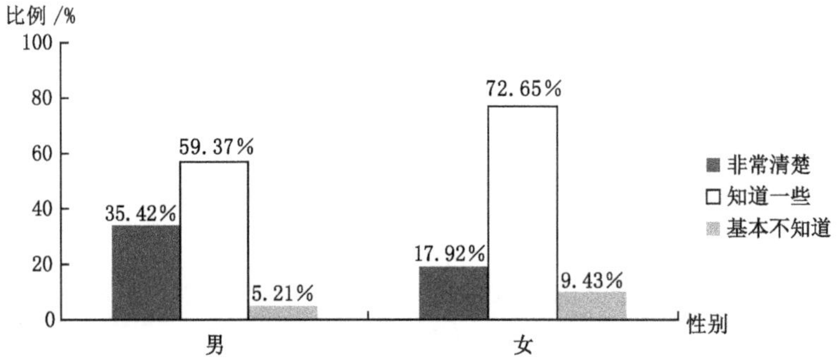

图4.3 是否清楚平时所在场所（宿舍楼、教学楼、图书馆等）的消防设施和安全出口位置统计比例图

图4.4显示将近70%的男生和90%以上的女生不太会用或者不了解消防栓和灭火器的具体使用方法。

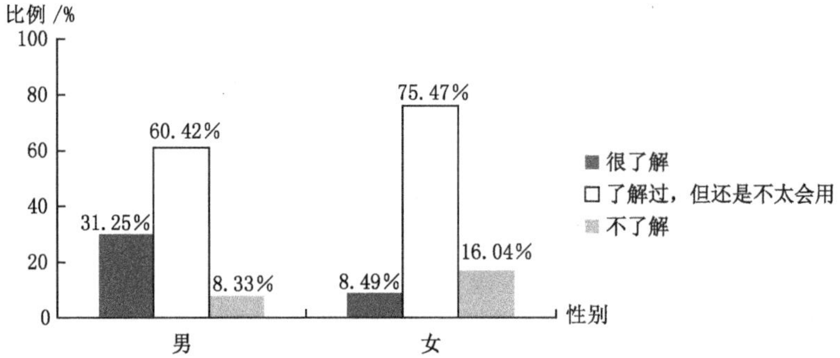

图4.4 是否了解消防栓、灭火器使用方法统计比例图

以上几项数据综合比较可以得出，男生普遍比女生了解的消防安全知识更多，消防安全意识也更高一些。高校中发生火灾事故的地点普遍是学生宿舍。学生宿舍火灾发生的原因中，违规用电最为突出，比如学生在宿舍中违规使用大功率电器。另外，男生违规在宿舍抽烟、使用明火等也是火灾发生的原因之一。

4.3.3.2 财产安全风险

由图 4.5 和图 4.6 可以看出，对于离开宿舍是否锁门以及对宿舍上门推销的态度，男女生在选项上的比例差不多。大多数学生在离开宿舍且宿舍无人的情况下一定会锁门；30%左右的学生会视情况而定，若离开时间短就不会锁门；极少数学生经常不锁门；男生不锁门的比例高于女生。对宿舍上门推销持无所谓和拒之门外态度的学生人数相当，并占据非常大的比例，有 8%左右的男生和 2%左右的女生表示对上门推销很有兴趣。

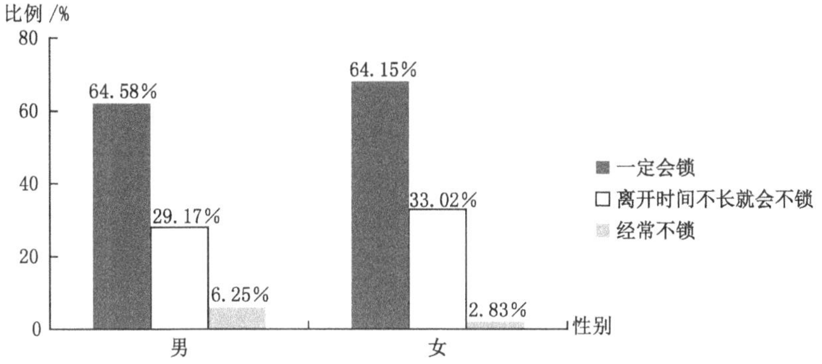

图 4.5 离开宿舍且宿舍无人时锁门情况统计比例图

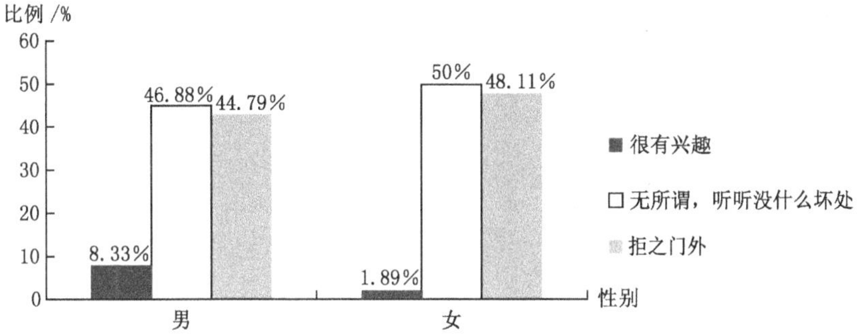

图 4.6 对宿舍上门推销态度统计比例图

图 4.7 显示，男生中有 1/3 的学生没有丢东西的经历，剩下丢过东西的学生中将近一半的人认为丢失原因是自己乱丢乱放，很多“不知道怎么就没了”的原因可能也是由于随手乱放导致的。女生中有 1/4 左右的学生没有丢东西的经历，其余学生丢东西的原因也大多是随手乱放和“不知道怎么就没了”；女生丢东西原因是被盗的占 18%左右比男生的 10%左右比例大出不少。

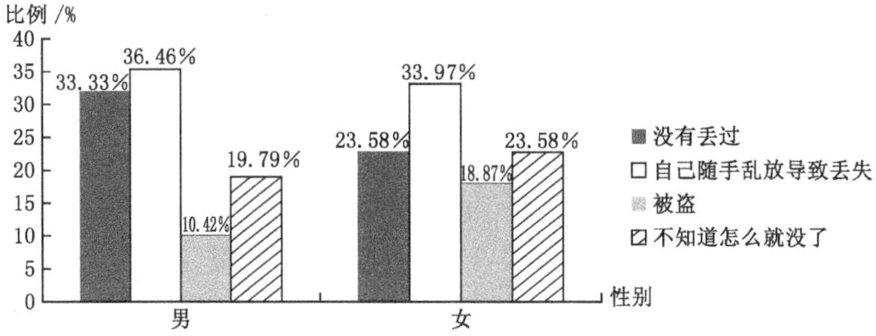

图 4.7　对是否丢过东西及丢失原因统计比例图

图 4.8 显示，男生与女生中丢失贵重物品后选择自己寻找的所占比例最高，男生达到 35%以上，女生达到 36%以上；男生中自认倒霉的比例占到 26%，而女生自认倒霉的比例则达到了将近 35%；选择上报老师或学校的男生、女生比例相当，都在 22%左右；男生丢东西后选择报警的比例达到 16%以上，而女生选择报警比例相比男生则低了很多，仅仅约 6%。

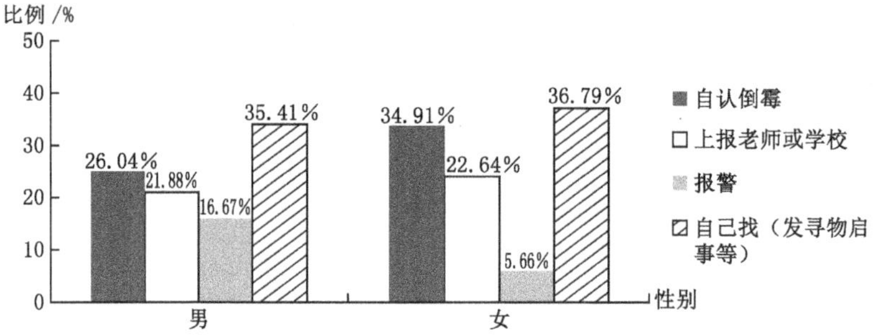

图 4.8　丢失贵重物品后处理方法统计比例图

上述几项统计数据综合比较得出，男生对于财务安全风险的防范意识比女生稍有欠缺，但女生在丢失贵重物品后的维权意识不及男生。学生普遍财产安全保护意识不强，手机钱包等贵重物品在宿舍中乱扔乱放，有时出门不上锁，使得宿舍内盗情况时有发生。有些学生丢失财物后不以为然，有的自己寻找未果后便不了了之，这样的做法都给了盗窃者更多的机会，使得学生的财产安全风险随之增高。

4.3.3.3　食品卫生安全风险

图 4.9 显示，绝大多数学生认为学校餐厅的食物是相对安全的，极少数学生认为学校餐厅的食物不安全，男生中认为很安全的比例超过了 18%比女生约 8%的比例高出一些。

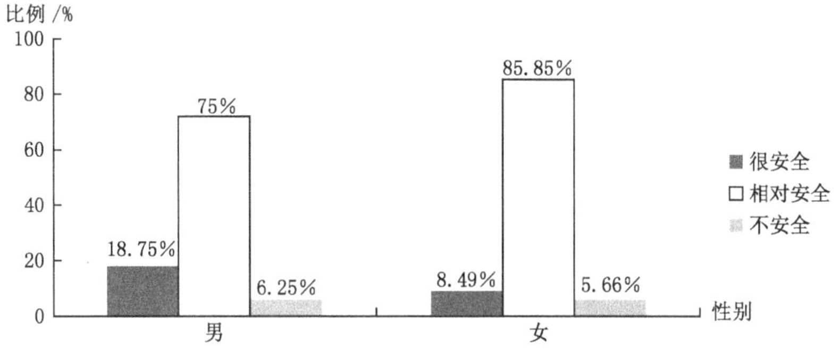

图 4.9　认为学校餐厅食物是否安全统计比例图

图 4.10 显示，男生中约 50％的人购买包装食品时基本都会注意保质期，另约 50％的人偶尔注意或者没注意过；女生中大多数人都会在购买时注意保质期，偶尔注意或者没注意过的人数不到约 30％。

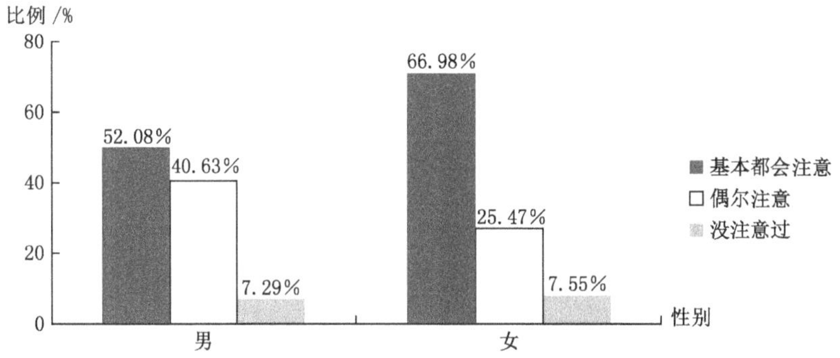

图 4.10　购买包装食品时是否查看保质期统计比例图

图 4.11 显示，男生知道学校餐厅发生食物中毒事件后的做法各有不同，选择不去发生事故的那一家窗口的较多一些，不吃餐厅中与中毒食物同一类食物的比例小一些；女生中选择不去发生事故的那一家窗口吃饭的比例遥遥领先（将近总人数的 50％），而选择照常吃饭、不吃中毒食物同类和短时间内不去餐厅吃饭的在剩下 50％学生中所占比例差不多，各在 15％到 20％之间。

几项数据综合比较得出，女生对于食品卫生安全意识略高于男生。食品安全事故的发生多是由于校外饭馆，多因小摊食物不卫生；学校餐厅食品问题相对较少，但也有食物中毒事件发生。另外，学校超市中售卖的包装食品已过保质期等问题也是存在的。

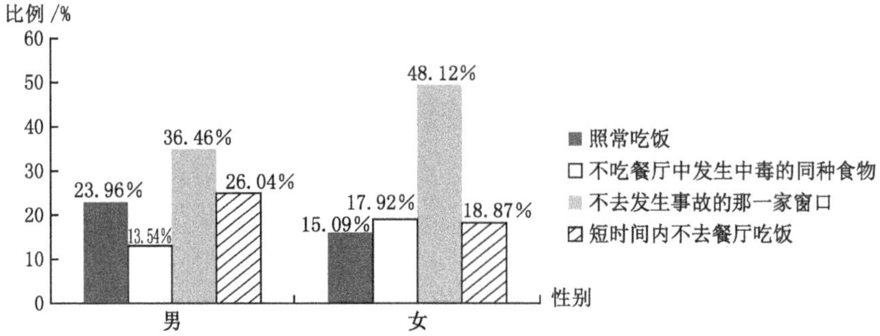

图 4.11　知道学校餐厅发生食物中毒事件后的做法统计比例图

4.3.3.4　人身安全风险

图 4.12 显示，男生与女生对于是否会和网友或者陌生人单独见面的选项上态度差异很大，50%以上的男生认为自己有可能和网友或者陌生人见面，而 80%以上的女生不会选择这样做。

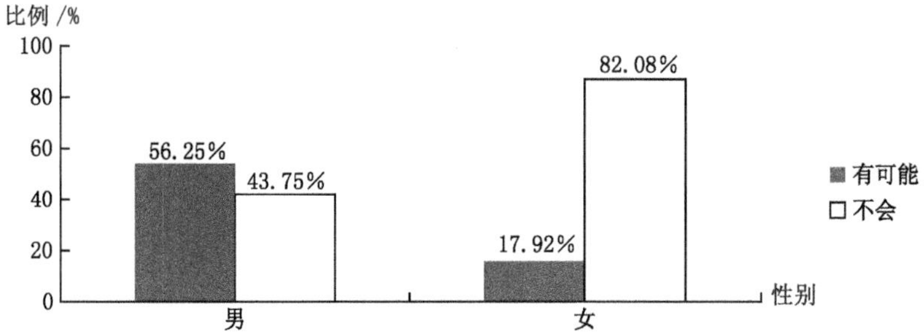

图 4.12　是否会和网友或者陌生人单独见面统计比例图

图 4.13 显示，女生中将近 70%的人会在单独外出时告知家长、朋友或者与他们保持联系，而男生只有不到 40%的人会选择这样做；50%以上的男生和不到 30%的女生在单独外出时偶尔会告知家长或朋友；男生中 10%以上的人在单独外出时基本不会告知家长或朋友，而女生中这样做的人数极少，只有不到 3%。

在图 4.14 中，将近 2/3 的男生会在夜晚乘坐出租车或私家车并认为这没什么危险，而女生中这种想法的仅占 11%左右，绝大多数女生的态度是有同伴一起才敢坐或能不坐就不坐。

上述几项数据综合比较得出，女生对于人身安全风险的防范意识要远远高于男生。原因有两点：一是一直以来女生都是较易受到伤害的群体；二是女生从小接受的人身安全防范教育也普遍更多一些。

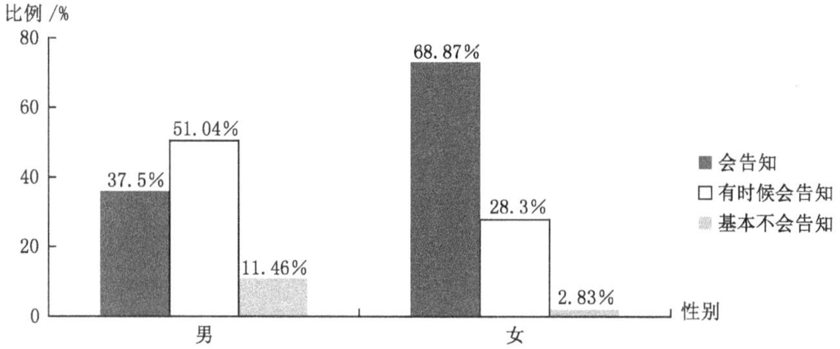

图 4.13　单独外出时是否会告知家长、朋友或与他们保持联系统计比例图

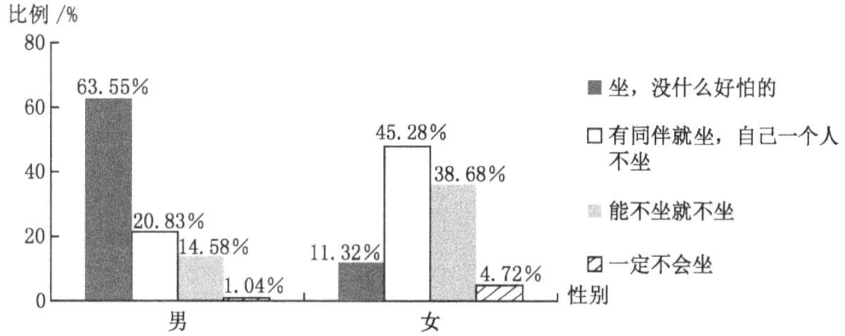

图 4.14　夜晚是否会乘坐出租车或私家车统计比例图

4.3.3.5　网络安全风险

图 4.15 显示，70%左右的学生自己或者身边朋友遭遇过网络诈骗。可见，网络诈骗在学生群体中发生的概率相当高。

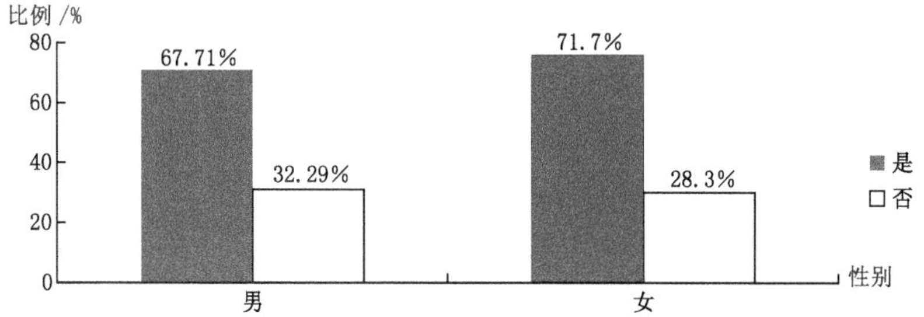

图 4.15　自己或者身边的朋友是否遭遇过网络诈骗统计比例图

图 4.16 显示，大部分学生对于中奖电话、短信和网上工作、假冒亲友等三类网络诈骗比较了解；50%左右的学生不知道钓鱼网站和募捐、集资诈骗。另外，调查问卷显示，一些同学补充的网络诈骗类型有网络游戏诈骗、冒充网店售后和冒充营业厅等大型机构诈骗等。

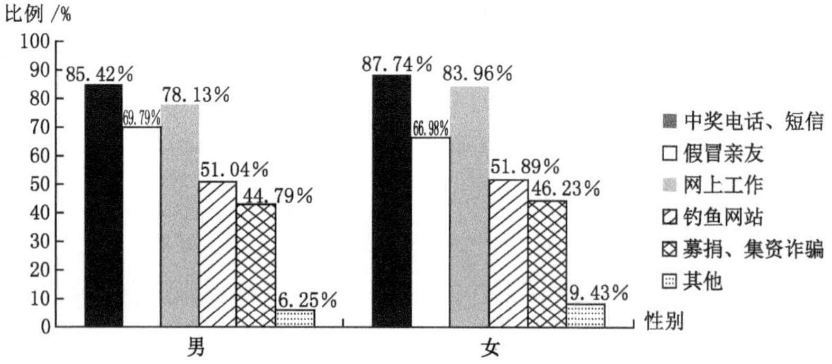

图 4.16 所知道的网络诈骗类型统计比例图

图 4.17 显示，50%左右的学生对于一般网络诈骗类型基本都能够识别，将近 50%的学生能够识别一些，极少数的学生认为自己不能识别网络诈骗。其中，男生对于网络诈骗的识别能力要比女生高一些。

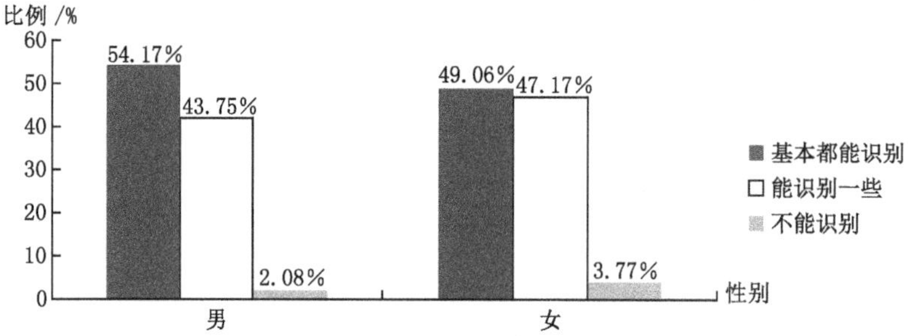

图 4.17 对于各种网络诈骗类型是否能够识别统计比例图

图 4.18 显示，学生认为大学生遭受网络诈骗最主要的原因是贪图便宜，存在侥幸心理；其次是辨识能力不足，不了解网络诈骗手段；再次是过于相信陌生人或者陌生网站；最后是网络交易经验不足。

图 4.19 显示，所调查学生中约 80%的人没有过使用“校园贷”的经历，10%左右的人为了解决个人经济问题使用过“校园贷”，7%左右的学生为了帮朋友或者同学完成工作任务使用过“校园贷”，其余极少数学生是由于平台优惠福利或者其他原因使用过“校园贷”。

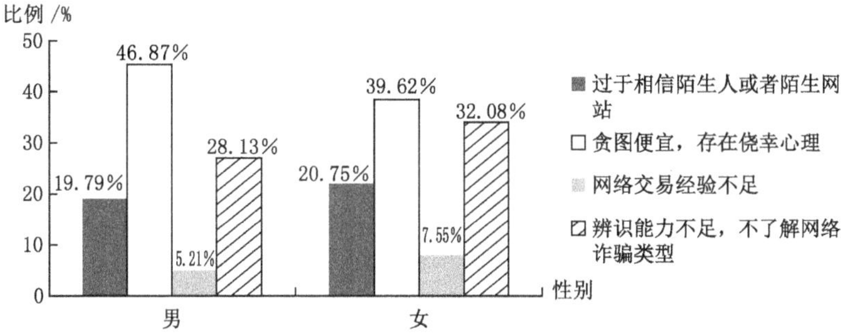

图 4.18　遭受网络诈骗的主要原因统计比例图

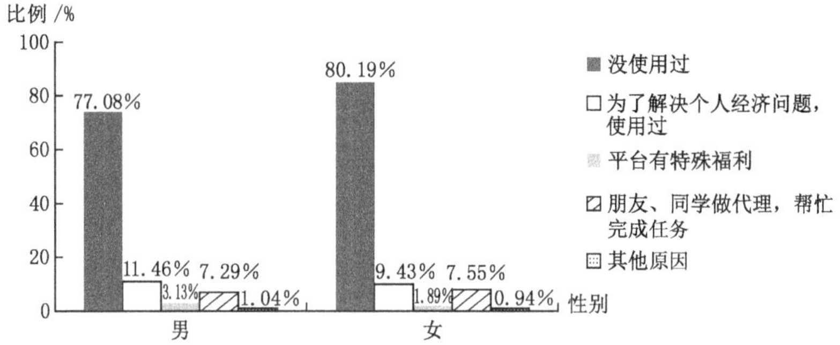

图 4.19　是否使用过"校园贷"及使用原因统计比例图

图 4.20 显示，50%的学生认为"校园贷"平台不可信，33%左右的学生表示不了解。10%左右的学生认为资金紧张时可以试试，极少数人觉得"校园贷"平台是方便、可用的借款平台。

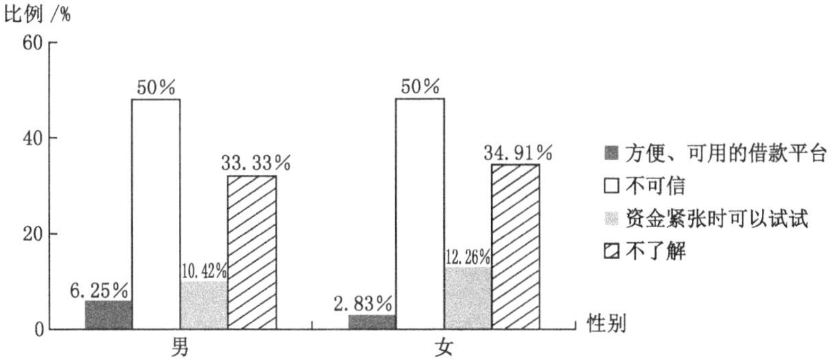

图 4.20　对"校园贷"持有的态度统计比例图

上述几项数据综合比较得出，男生与女生对于网络诈骗的识别和防范能力相差不大。由于学生使用网络交易较多，学生的生活费大多来自家长，经济上不是很自由，有时就会贪图便宜或者希望做网络兼职。但由于大学生涉世未深，警惕性不足，辨识能力不够，导致网络诈骗事故在大学生群体中多有发生。男生与女生对于"校园贷"的使用情况及态度总体来看差不多，但是男生中认为"校园贷"是方便、可用的借款平台的比例大于女生。

4.3.3.6　交通安全风险

图 4.21 显示，学生在走路时听音乐和玩手机的现象很普遍，随意横穿马路的现象也较为多见，追逐打闹的情况相对较少，走路时没有过不安全行为的人数占总人数的比例不足 18%。

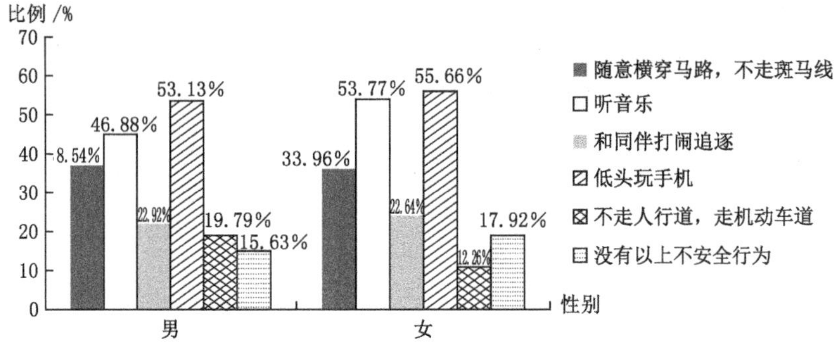

图 4.21　走路时有过哪些不安全行为统计比例图

图 4.22 显示，学生在骑车时听音乐的现象最多，打电话和并排行驶的现象也较为普遍；女生在骑车时没有不安全行为的人数比例为 27%以上，男生稍低一点，占 20%左右。

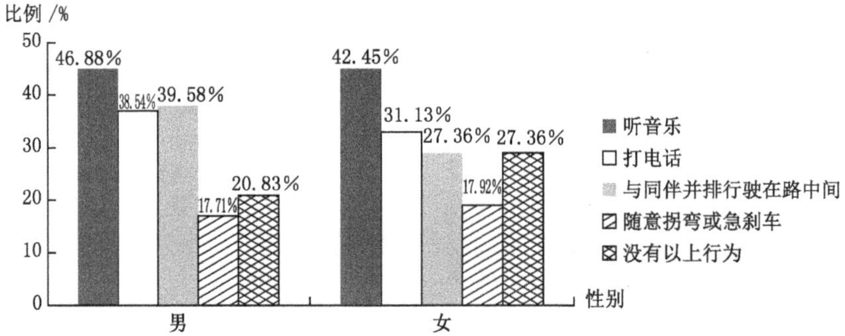

图 4.22　骑车时不安全行为统计比例图

图4.23显示，学生普遍认为机动车车速快和行人不知避让是校园交通事故的主要原因；车多路窄、交通标志不齐全、外来车辆多和夜晚道路黑等原因在男生选项中比例参差不齐，而在女生选项中比例基本相当。另外，有学生认为校园交通事故的原因中还有学生的规则意识差这一因素。

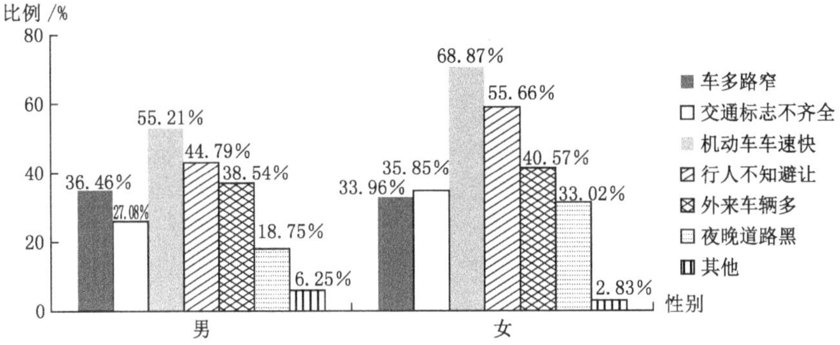

图4.23 校园交通事故原因统计比例图

上述几项数据综合比较可得出，在校园走路或者骑车时，女生的不安全行为相对男生而言较少一些；男生在思想上的大意使其在行为上较为疏忽，更易出现造成校园交通事故的不安全行为；女生在交通安全知识方面了解较少；学生在校园交通风险方面的识别与防范能力普遍不高。

4.3.3.7 心理健康安全风险

图4.24显示，男生中处于平静状态的人数比例最高，达到了42%以上，其次是快乐状态所占人数比例将近30%，15%左右的男生经常处于无聊状态，剩余13%左右的男生经常处于郁闷、烦躁或压抑状态；女生中，经常处于快乐和平静状态的人数相当，均将近40%，10%左右的女生经常处于无聊状态，剩余10%左右的女生经常处于郁闷、烦躁或压抑状态。

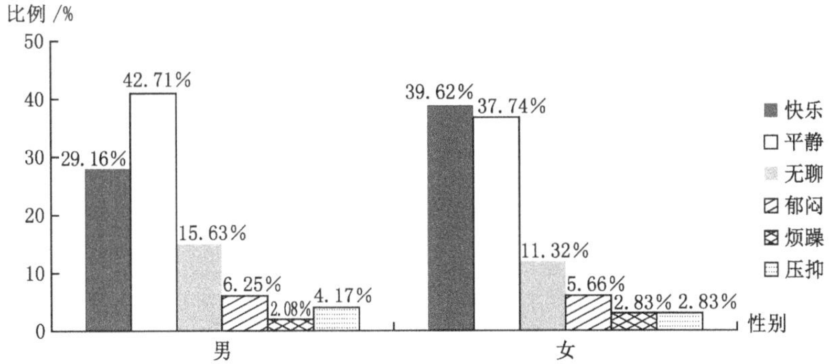

图4.24 情绪状态统计比例图

图 4.25 显示，男生没上过“大学生心理健康”课程的比例比女生大；在上过这门课程的学生中，认为这门课程对自己有所帮助方面男生的比例比女生小一些。

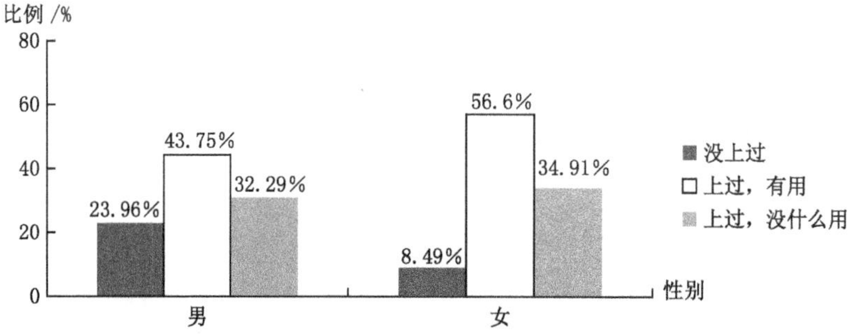

图 4.25　是否上过“大学生心理健康”课程
以及认为这门课程是否有用统计比例图

图 4.26 显示，多数学生在大学生活中都会有学业压力和就业压力的困扰，这其中男生学业压力人数的比例高于女生，女生就业压力人数的比例高于男生。另外，均有 34％以上的学生受经济问题的困扰；24％左右的学生人际沟通交流困难；少部分学生不适应宿舍生活或受家庭问题困扰；10％以上的其他选项的学生表示感情问题也是大学生活中的一大困扰。

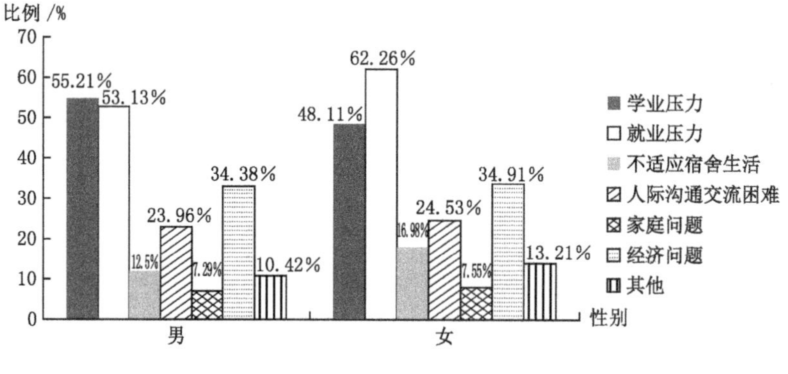

图 4.26　大学生活中的困扰因素统计比例图

图 4.27 显示，女生在遇到挫折或困扰时，选择向知心朋友倾诉的比例较大，向家人和男(女)朋友倾诉或者憋在心里的比例较少，向陌生人倾诉的比例极小，无一人选择心理咨询老师；男生中向知心朋友倾诉的比例最高，但低于女生很多，选择默默憋在心里的比例高于女生，选择向家人和男(女)朋友倾诉的比例都较少，选择陌生人或者心理咨询老师的比例极少。

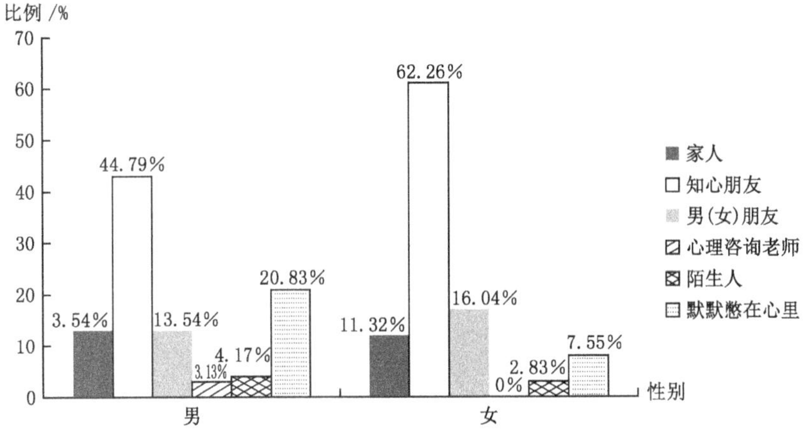

图 4.27 在遇到挫折或困扰时倾诉对象统计比例图

图 4.28 中，大多数学生认为大学生自杀现象需要引起社会、学校和家庭的重视，其中男生所占比例将近 40%，女生将近 50%；25%的男生和将近 18%的女生认为大学生自杀是一种不考虑家长、朋友的自私行为；20%以上的女生和 16%以上的男生对此持感慨和惋惜态度；男生中认为能够理解自杀行为的人数比例近 16%，是女生人数比例的 2 倍左右；还有极少数人对大学生自杀行为没什么想法，持冷漠态度。

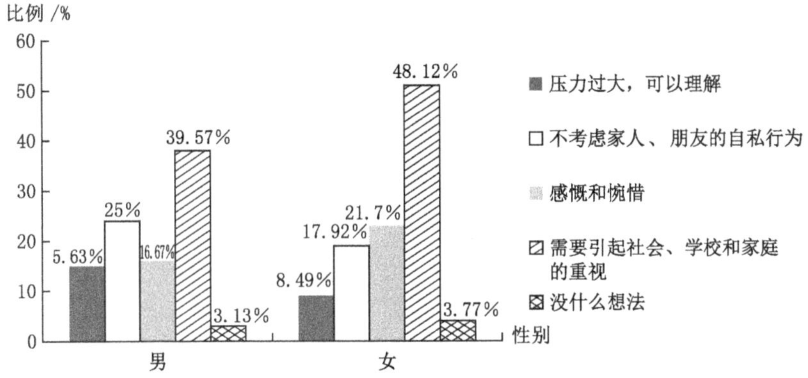

图 4.28 对于大学中自杀现象的态度统计比例图

上述几项数据综合比较可知，大多数学生的日常情绪处于正常状态（快乐、平静、无聊），而处于不正常状态（郁闷、烦躁、压抑）的男生比女生稍多；男生遇到挫折和困扰选择憋在心里的比例比女生高。

4.3.4 性别差异视角下大学校园风险防范

从调查问卷得到的数据中能够看出，大学生因性别不同，在生活习惯、日常行为以及心理活动等方面的表现也存在着或多或少的不同。也正是这些不同导致了不同性别的大学生面临的校园安全风险的差异。因此，大学校园风险的防范工作需要针对不同性别的学生分别采取具体实施，才能行之有效。

4.3.4.1 消防安全风险

在消防安全风险方面，男生与女生宿舍中都存在较大的火灾发生的可能性，但是导致火灾的原因及火灾应对能力均有很大差别。比如：男生容易在宿舍抽烟、私接电源等，女生容易在宿舍使用电饭锅和暖手宝等物品；女生在消防知识和火灾应对能力方面较为欠缺，在心理方面也更为脆弱，相比男生更易受到伤害。在这种情况下，校园工作人员应针对不同性别的学生进行消防安全教育工作，使学生建立起良好的日常行为和个人习惯，减少甚至杜绝可能引发火灾的行为习惯；按时对学生进行火灾安全知识培训，加强学生在火灾中的扑救能力、逃生能力和疏散能力；针对男生与女生宿舍楼具体情况分别设计相应的火灾应急预案。

4.3.4.2 财产安全风险

在财产安全风险方面，男生对于宿舍财产安全风险的防范意识较差，女生在财产丢失后的维权意识较差。总体上看，很大一部分学生没有良好的财产安全防范意识，个人物品随意乱放，外出时不注意保管好个人财产等。针对这种情况，学生需要培养学生良好的财产安全危机意识和维权观念，让学生系统学习安全保障知识，懂得如何用法律的武器来维护自身的合法权益；学校应当完善校园安全环境的硬件配套设备，例如宿舍的防盗门窗和门禁系统的安全保障能力，教学楼、宿舍楼、图书馆等学生聚集的公共场所的监控设备等。

4.3.4.3 食品卫生安全风险

在食品卫生安全风险方面，女生对于食品卫生安全风险的警惕意识明显高于男生。在安全行为方面，学生应当尽量减少或者避免食用校外小店或者路边摊的食品。学校应对餐厅食品卫生情况定期进行检查，查看其消毒设施和通风设施是否完善、食物和餐具是否符合卫生检查标准，以便及时发现问题并解决问题。

4.3.4.4 人身安全风险

大学生的人身安全风险主要是指一些不法分子以暴力威胁等手段对大学生进行人身侵害或其他违法行为。这类违法行为容易对大学生的身心造成严重伤害。由于女生在生理方面和心理方面与男生相比都较为柔弱，更容易受到侵害，因此，即使女生的防范意识远远高于男生，但是频发的校园人身安全事故中女生受害者仍占大多数。对于这种情况，学校应当加强对女生的保护措施，安全保卫队伍或者后勤部门应在一些女生出入较多的场所或是较为偏僻的场所进行定期巡逻，尽可能减少女生可能面对的人身安全风险。另外，应建立并完善针对女生的安全制度和处置预案。

4.3.4.5　网络安全风险

网络是大学生学习工作和日常生活中必不可少的工具，是大学生获得各类信息和与联系他人的主要途径。男生在网络使用方面存在的安全风险多集中在游戏方面，相比之下女生更喜欢网上购物，所以各类网购风险发生概率较高。大学生需要多了解网络诈骗案例来增强网络安全风险防范意识和提高相应的识别能力。学校应当加大对大学生的网络使用方法、技能进行培训，提高大学生的计算机使用能力；应进行网络安全教育，增强大学生的安全风险意识并提高防范能力。首先，学校应当开设相关课程，针对高校学生网络使用现状，结合各类案例，对大学生进行网络安全风险意识培养，防患于未然。其次，学校应开展各种类型的网络安全教育课外活动，例如网络安全专题讲座、网络安全知识培训和知识竞赛、以网络安全为主题的绘画比赛等，在提高大学生网络安全风险的识别和防范能力的同时，丰富大学生的课余活动。最后，学校构建安全信息管理系统，负责校园网的日常管理工作，及时了解本校学生的网络使用情况，及时传播网络安全信息。

4.3.4.6　交通安全风险

在交通安全风险方面，男生在行为上的冒失和思想上的大意使其更易出现导致交通安全事故的不安全行为，同时男生对于交通知识的熟悉程度高于女生。因此，男生需要在安全防范意识方面提高警惕，女生则需要更多地学习了解交通知识。学校应当对校园内部的交通体系进行完善，制定适当的道路限行条件；对校内道路旁的路灯定时进行检修，保证其正常安全运作；完善校内交通标志等。

4.3.4.7　心理健康安全风险

大学生一般处于青年时期，由于心理发育不够成熟，情绪不够稳定，在面临各种心理矛盾冲突时，若得不到及时有效的沟通和疏导就会慢慢发展成为心理障碍或是心理疾病。河南理工大学在大学生心理健康教育方面做了许多工作，比如开设“大学生心理健康”必修课程，设立心理辅导机构等，但同时还有很多地方存在缺陷。对于学生的心理教育工作可以从以下几个方面进行改进：第一，应充分发挥学校心理咨询部门的作用。心理咨询可以帮助学生解开内心的郁结，减轻压力和排解困苦，还可以使学生更好地认识自己，挖掘自身潜能。第二，应定期对学生的心理健康状况进行调查。开展心理健康教育工作应当是在了解学生的心理素质状况的基础上进行的，及时了解学生的心理素质状况，才能有针对性地进行心理健康教育工作，及时有效地发现问题并解决问题。第三，应加强校园文化建设，为学生的心理健康提供良好的校园环境。健康向上的校园环境能够促进学生养成积极乐观的生活和学习态度。

附录 1 风险损失清单

一、直接损失风险
（一）无法控制和无法预测的损失
1. 自然灾害：地震、洪水、冰雹、暴风雨等
2. 暴动、恐怖分子的阴谋破坏、恶意伤害等
3. 空气污染、雾霾等
（二）可控制或可预测的损失
1. 玻璃或其他易碎品破碎、重物坠落
2. 同学之间打架斗殴
3. 触电、电路发生破裂或爆炸
4. 水管破裂
5. 踩踏事故
6. 交通安全事故
7. 食物中毒
8. 运动受伤
9. 轻生
（三）一般的财产风险
1. 盗窃
2. 抢劫、校园诈骗和网络诈骗
二、间接损失风险
（一）所有直接损失暴露后对下列各种人和物的影响
1. 学生
2. 学校领导、老师
3. 学生家长
（二）教育系统受到破坏
（三）公共设施受到损坏
三、第三方责任
（一）运动责任
1. 运动场地存在问题
2. 运动设施存在问题
（二）医疗事故

附录2 大学校园风险识别及防范调查问卷

1. 你的性别是?[单选题]

○ 男

○ 女

2. 你是否曾在宿舍使用过大功率电器?[单选题]

○ 是

○ 否

3. 学校禁止使用大功率电器后,您的做法是?[单选题]

○ 坚决遵守学校规定,不使用

○ 偷偷使用,不被发现就好

4. 是否清楚平时所在场所(宿舍楼、教学楼、图书馆等)的消防设施和安全出口的位置?[单选题]

○ 非常清楚

○ 知道一些

○ 基本不知道

5. 是否详细了解消防栓、灭火器的使用方法?[单选题]

○ 很了解

○ 了解过,但还是不太会用

○ 不了解

6. 你在离开宿舍且宿舍无人时,是否会锁门?[单选题]

○ 一定会锁

○ 离开时间不长就会不锁

○ 经常不锁

7. 你对宿舍里的上门推销所持的态度是?[单选题]

○ 很有兴趣

○ 无所谓,听听没什么坏处

○ 拒之门外

8. 你是否有过丢东西的经历?丢失原因是?[单选题]

○ 没有丢过

○ 自己随手乱放导致丢失

○ 被盗

○ 不知道怎么回事东西就丢失了

9. 丢失贵重物品后你会怎么处理?[单选题]

○ 自认倒霉
○ 上报老师或学校
○ 报警
○ 自己找(发寻物启事等)

10. 你认为学校餐厅的食物是否安全？[单选题]
○ 很安全
○ 相对安全
○ 不安全

11. 你在超市购买包装食品时是否会注意保质期？[单选题]
○ 基本都会注意
○ 偶尔注意
○ 没注意过

12. 知道学校发生食物中毒事件后，你的做法是？[单选题]
○ 照常去吃饭
○ 不吃学校餐厅中与中毒食物同一类的食物
○ 不去发生事故的那一家窗口
○ 短时间内不去学校餐厅吃饭

13. 你是否会和网友或者陌生人单独见面？[单选题]
○ 有可能会
○ 不会

14. 单独外出时，你是否会告知家人朋友去向或与他们保持联系？[单选题]
○ 会
○ 有时候会
○ 基本不会

15. 你在夜晚是否会乘坐出租车？[单选题]
○ 坐，没什么好怕的
○ 有同伴就可以坐，自己一个人不敢坐
○ 能不坐就不坐
○ 一定不会坐

16. 你或者身边的朋友是否经历过网络诈骗？[单选题]
○ 是
○ 否

17. 你所了解的网络诈骗的类型有以下哪些？[多选题]
□ 中奖电话、短信

□ 假冒亲友
□ 网上工作
□ 钓鱼网站
□ 募捐、集资诈骗
□ 其他________________

18. 你是否能够准确识别网络诈骗？[单选题]
○ 基本都能识别
○ 能识别一些
○ 不能识别

19. 你认为大学生遭遇网络诈骗的最主要原因是什么？[单选题]
○ 过于相信陌生人或者陌生网站
○ 贪图便宜，存在侥幸心理
○ 网络交易经验不足
○ 辨识能力不足，不了解网络诈骗手段

20. 你是否使用过“校园贷”？原因是什么？[单选题]
○ 没使用过
○ 解决个人经济问题
○ 平台有特殊福利
○ 朋友、同学做代理，帮忙完成任务
○ 其他________________

21. 你对“校园贷”持有的态度是？[单选题]
○ 方便、可用的借款平台
○ 不可信
○ 资金紧张时可以试试
○ 不了解

22. 走路时，你有过以下哪些不安全行为？[多选题]
□ 随意横穿马路，不走斑马线
□ 听音乐
□ 和同伴打闹追逐
□ 低头玩手机
□ 不走人行道，走机动车道
□ 没有以上行为

23. 骑车时，你有过以下哪些不安全行为？[多选题]
□ 听音乐

□ 打电话
□ 与同伴并排行驶在道路中间
□ 随意拐弯或急刹车
□ 没有以上行为

24. 你认为校园交通事故的原因是什么？[多选题]
□ 车多路窄
□ 交通标志不齐全
□ 机动车车速快
□ 行人不知避让
□ 外来车辆多
□ 夜晚道路黑
□ 其他________________

25. 你认为自己经常处在以下哪种状态？[单选题]
○ 快乐
○ 平静
○ 无聊
○ 郁闷
○ 烦躁
○ 压抑

26. 你是否上过“大学生心理健康”课？这门课是否有用？[单选题]
○ 没上过
○ 上过，有用
○ 上过，没什么用

27. 以下哪些情况给你的生活造成了困扰？[多选题]
□ 学业压力
□ 就业压力
□ 不适应宿舍生活
□ 人际沟通交流困难
□ 家庭问题
□ 经济问题
□ 其他________________

28. 遇到困扰或挫折时，你会向谁倾诉？[单选题]
○ 家人
○ 知心朋友

○ 男(女)朋友
○ 心理咨询老师
○ 陌生人
○ 默默憋在心里
29. 你如何看待大学生群体中的自杀现象?[单选题]
○ 压力过大,可以理解
○ 是不考虑家人、朋友的自私行为
○ 感慨和惋惜
○ 需要引起社会、学校和家庭的重视
○ 没什么想法
30. 对于大学校园风险,您还有什么其他想法?[文字表述题]

4.4 校园应急科普实践案例(二):大学校园交通安全风险分析及对策

4.4.1 研究背景及研究意义

随着社会建设和经济的快速发展,大学校园的规模在不断壮大,加之人们的生活水平在不断地提高,我国居民拥有机动车的数量在不断增加,随之大学校园内的机动车数量也在增加。然而,有些大学校园内的交通基础设施却没能跟得上机动车数量的增多,这使得大学校园的交通安全问题日益突出。校园交通事故时有发生,这会干扰到大学校园的正常教学、科研秩序,威胁到校园师生员工的人身财产安全。因此,加强大学校园交通安全管理非常重要。

随着机动车数量不断增多,大学校园的交通也逐渐变得拥堵,这给大学校园的交通安全带来了较大考验。所以,加强大学校园的交通安全风险管理刻不容缓。目前,我国大学校园交通安全风险管理还有不成熟的地方。我国学者在校园交通安全方面的研究主要集中在发展现状与问题、道路规划和理论体系等方面。一些大学校园交通安全存在的风险问题已经被提出,大学校园交通安全风险分析及对策研究可以在现有对大学校园交通安全研究的基础上,通过调查问卷来充分了解目前大学校园交通安全存在的风险,并将问题具体化和条理化。本书结合大学校园交通安全在发展现状与问题等方面的具体情况来重点研究我国大学校园交通安全存在的风险及对策。对大学校园交通安全的风险分析及对策研究是为了解决大学校园交通安全存在的诸多风险问题,例如校园道路狭窄、车辆随意停放、人车混行、交通安全设施缺乏等风险问题。通过研究可制定出针对校园交通安全风险的对策，完善校园交通管理，增设校园缺乏的交通安全设施。通过对校园交通安全进行培训和宣传，可增强校园师生的交通安全意识，使师生做到遵守交通规则、文明出行，解决大学校园的交通压力，给大学校园营造一个安全的交通环境。

4.4.2 调查问卷设计

4.4.2.1 调查范围和调查对象的界定

大学校园交通安全调查问卷的调查范围是河南理工大学，调查对象是河南理工大学在校大学生和研究生。

4.4.2.2 调查问卷设计

研究所需要的数据采用调查问卷的方法获得。调查问卷的设计包括问卷内容、提问方式、回答方式和指标选择。其中，问卷内容、提问方式、回答方式都属于问卷的基本情况。研究采用的问卷大体分为三个部分。

第一部分主要是对被调查者进行简单的个人资料阐述，包括性别和学习阶段分布。这部分采用单选题的方式，由被调查对象来进行作答。

第二部分是交通安全知识调查，包括对交通安全知识的了解、校园交通安全知识培训、是否参加过交通安全知识培训、如何获取交通安全信息、学校多久进行一次交通安全教育、参加交通安全教育的收获等。这部分由被调查者根据自己的实际情况和亲身感受进行回答。

第三部分是问卷的主要部分，主要对校园交通安全风险因素进行调查。一共有 10 道题，每道题都有一定的针对性。这部分由被调查对象根据自己生活中的实际情况进行回答。

为了保证调查问卷设计的科学性，对相关学者的研究成果和调查问卷量表进行结合，形成了本书的调查问卷量表。

4.4.2.3 调查问卷样本说明

调查问卷样本来源于河南理工大学的在校学生，调查问卷通过网络调查的形式进行。调查问卷中的第二个调查问题会对调查对象进行信息识别，让符合调查条件的对象填写调查问卷。因为网页的提交功能按钮只允许填写完整的调查问卷才能进行提交，并且不允许被调查者对调查问卷进行修改，所以调查问卷收集到的数据是完整的，从理论上说收集到的数据是有效的。调查问卷的样本统计共有 200 份。

4.4.2.4 调查问卷内容

调查问卷的内容分为五点，分别是被调查者基本特征、被调查者交通安全认知、校园交通状况、影响校园交通安全的因素、校园交通安全问题等，详见附录3。

4.4.3 问卷统计分析

问卷星网站会根据调查问卷的结果提供调查结果的统计分析图，非常形象地展现调查问卷的结果。问卷星网站会对调查者的每一份调查问卷进行审核，保证调查问卷结果真实可靠，减少人为因素造成的误差。因此，利用该网站的统计图，结合大学校园交通安全风险的理论知识，可对调查问卷结果进行分析。在对调查问卷数据进行处理之前，要先对调查数据的变量、变量与变量之间的关系进行检查，确保数据的准确性。

4.4.3.1 被调查者基本特征

1. 被调查者的性别

图4.29显示，男性调查者有92人，占46%；女性调查者有108人，占54%。

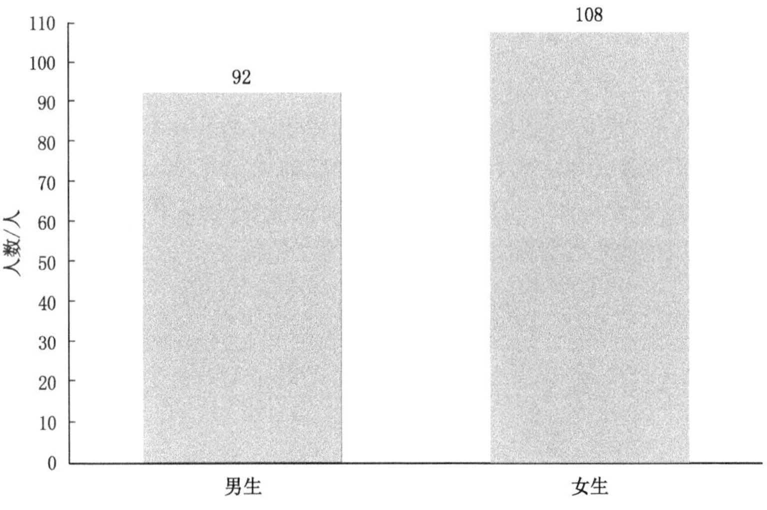

图4.29 性别分布

2. 被调查者学习阶段分布

图4.30显示，本次调查问卷的学习阶段分布：大一的学生有43人，占21.5%；大二的学生有38人，占19%；大三的学生有39人，占19.5%；大四的学生有73人，占36.5%；研究生有7人，占3.5%。

根据调查结果可知，本次调查问卷中参与调查的大四学生人数最多，占总调查人数的36.5%；大一、大二、大三的学生中参与本次调查的人数比较接近；研

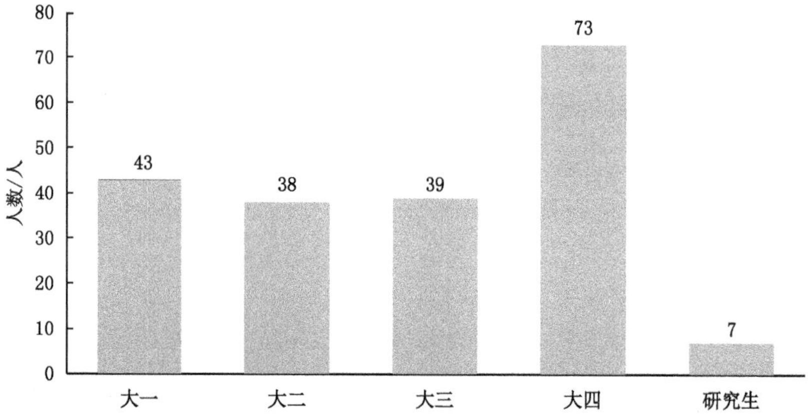

图 4.30　学习阶段分布

究生参与调查的人数最少，仅占总调查人数的 3.5%。

4.4.3.2　被调查者对校园交通安全的认知

1. 被调查者是否关心校园交通安全

图 4.31 显示，有 92 人（占 46%）对于校园的交通安全很关心，有 99 人（占 49.5%）对校园交通安全比较关心，对于校园交通安全不关心的学生为 9 人（占 4.5%）。根据此调查可知，关于校园的交通安全问题，绝大多数的学生持有关心的态度，不关心校园交通安全的学生占的比例比较低。

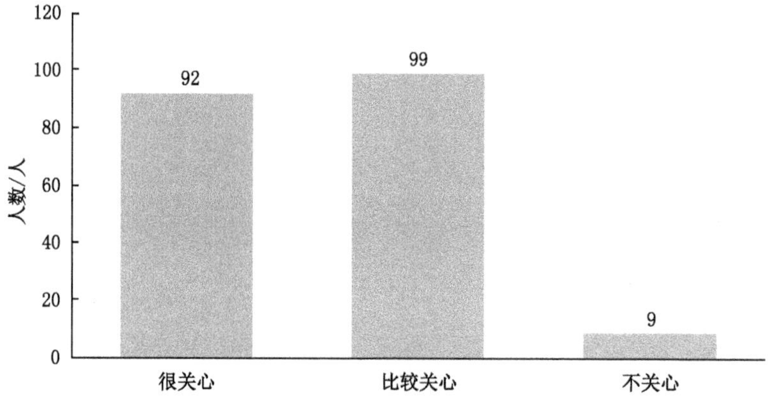

图 4.31　校园交通安全意识分布

2. 被调查者对校园交通安全知识了解情况

图 4.32 显示，有 135 人（占 67.5%）对于校园交通安全知识知道一点，有 13

人(占6.5%)对校园交通安全知识完全不知道,只有52人(占26%)对校园交通安全知识非常清楚。

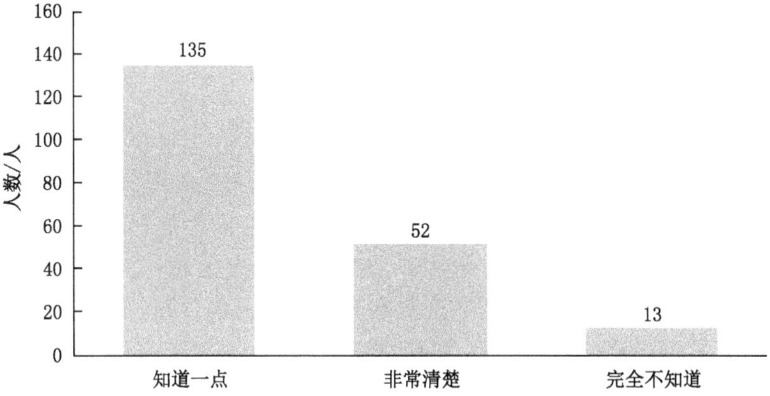

图4.32 校园交通安全知识了解情况分布

上述调查结果表明,学生对校园交通安全知识的了解不够,只有少部分同学了解校园交通安全知识。对此,学校要通过各种方式来宣传校园交通安全知识,尽可能让每一位学生都了解校园交通安全知识。

3. 举行校园交通安全知识宣传的效果

图4.33显示,有105人(占52.5%)知道学校举行过校园交通安全知识宣传活动,有69人(占34.5%)对于学校是否举行过校园交通安全知识宣传活动不清楚,有26人(占13%)认为学校没有举行过校园交通安全知识宣传活动。

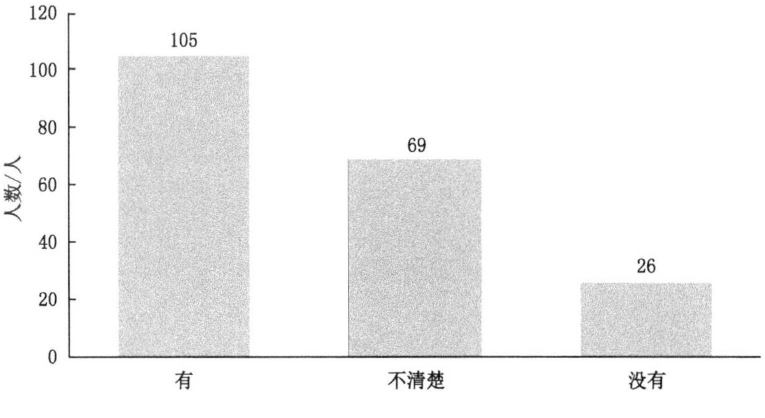

图4.33 校园交通安全知识宣传效果分布

上述调查结果表明校园交通安全知识宣传活动没有落实到位，有部分学生不清楚学校是否举行过校园交通安全知识宣传活动，甚至有少数学生认为学校没有举行过校园交通安全知识宣传活动。对于这种状况，学校需要将校园交通安全知识宣传工作落实到位，尽可能让每一位学生都加入校园交通安全知识宣传活动并切实掌握校园交通安全知识。

4. 学生获取校园交通安全信息的渠道

图 4.34 显示，有 118 人(占 59%)表示他们获取交通安全信息的渠道是看电视、看报纸，有 114 人(占 57%)表示他们获取交通安全信息的渠道是网络，有 106 人(占 53%)表示他们获取交通安全信息的渠道是校园宣传，有 99 人(占 49.5%)表示他们获取交通安全信息的渠道是周围人的告诫，有 76 人(占 38%)表示他们获取交通安全信息是凭个人经验，有 5 人(占 2.5%)表示他们几乎没有获取过交通安全信息。

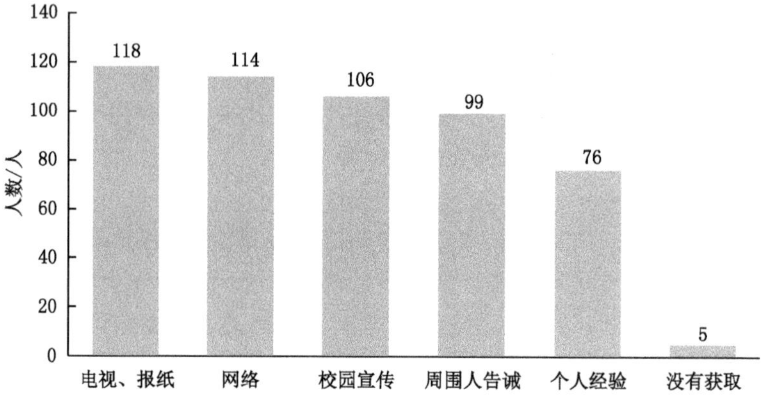

图 4.34　获取校园交通安全信息的渠道分布

上述调查结果显示，学校可以通过不同的渠道，例如微信、微博、主题班会、贴吧、校园官网、广播、宣传栏、海报等方式宣传校园交通安全信息，使学生获取关于校园交通安全的信息。

5. 学生参加校园交通安全教育的收获

图 4.35 显示，有 95 人(占 47.5%)表示学校组织的校园交通安全教育活动内容枯燥，但还是有用的；有 65 人(占 32.5%)表示学校组织的校园交通安全教育活动内容丰富，学到了知识；有 40 人(占 20%)表示学校组织的校园交通安全教育活动对他们来说没有任何收获。

上述调查结果显示，有大部分学生认为学校组织的校园交通安全教育内容枯燥，还有小部分人认为是没有任何收获的。对于这种状况，学校可以通过不同

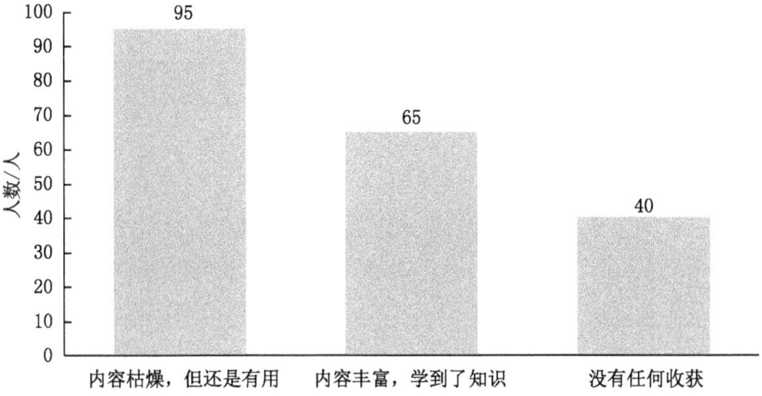

图 4.35　参加校园交通安全教育的收获情况分布

的形式来举办校园交通安全教育活动。例如，通过举办交通安全知识竞赛、交通安全辩论赛、交通安全知识演讲等来提高学生的积极性。

6. 校园交通安全问题上谁的作用最大

图 4.36 显示，有 128 人(占 64%)认为在校园交通安全问题上学生自身的安全意识起的作用做大，有 36 人(占 18%)认为在校园交通安全问题上父母和朋友的教导起的作用做大，有 31 人(占 15.5%)认为在校园交通安全问题上学校所教的相关知识起的作用做大，其他 5 人(占 2.5%)认为在校园交通安全问题上其他因素起的作用最大。

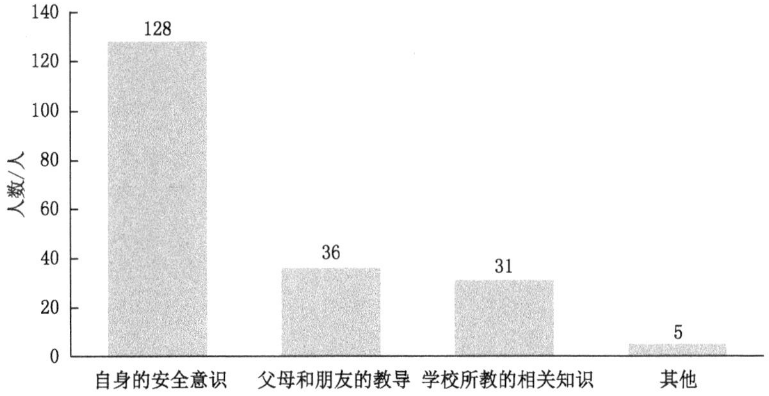

图 4.36　校园交通安全问题谁的作用最大分布

对于上述调查结果，学校应引导学生增强自身安全意识，同时还要让学生掌握交通安全知识，遵守交通规则，尽可能避免校园交通事故的发生。

4.4.3.3 校园交通安全状况

1. 上下课期间交通情况

图 4.37 显示，学生在上下课期间，接受调查的 200 个对象中，有 88 人（占 44%）认为上下课期间校园交通非常拥堵，有 96 人（占 48%）认为上下课期间校园交通比较拥堵，有 16 人（占 8%）认为上下课期间校园交通非常畅通。根据此调查可知在关于学生上下课期间校园交通拥堵的问题上，绝大多数学生认为上下课期间校园交通是拥堵的，这需要学校进一步解决校园上下课期间的校园交通拥堵问题。

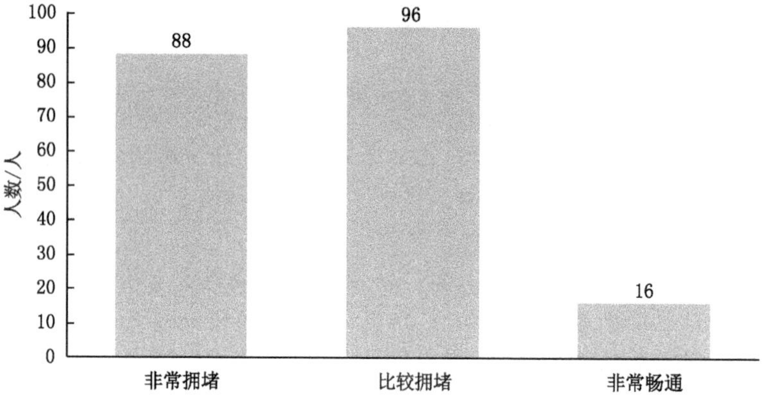

图 4.37 上下课期间校园交通状况分布

2. 校园交通事故状况

图 4.38 显示，学生在校园内见过小型交通事故状况的情况为：有 7 人（占 3.5%）描述他们大概在 1 周内会见到 1 次小型校园交通事故，有 34 人（占 17%）描述他们大概在 1 个月内会见到 1 次小型校园交通事故，有 66 人（占 33%）描述他们大概在 1 个学期内会见到 1 次小型校园交通事故，有 60 人（占 30%）描述他们大概在 1 个学年内会见到 1 次小型校园交通事故，有 33 人（占 16.5%）描述他们没有在校园里见到过小型校园交通事故。

3. 校园路线布局

图 4.39 显示，有 76 人（占 38%）表示对学校园内的交通线路布局十分了解，有 100 人（占 50%）表示对学校园内的交通线路布局比较了解，有 24 人（占 12%）表示对学校园内的交通线路布局不了解。根据调查数据可知，校园内绝大多数的学生是了解校园交通线路布局的，只有小部分学生对校园交通线路布局是不了解的。

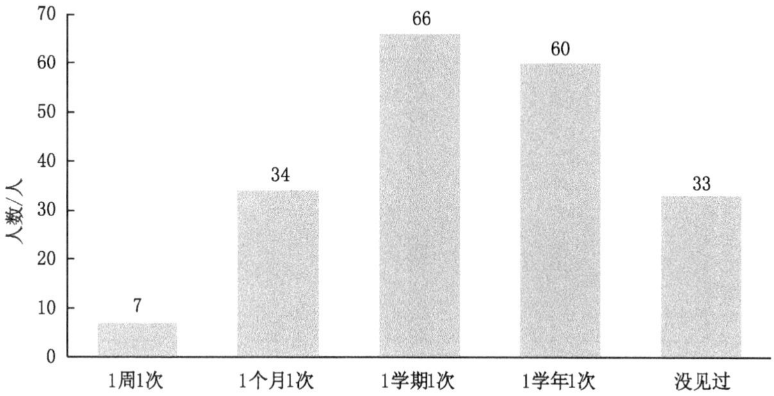

图 4.38　学生在校园见过小型交通事故情况分布

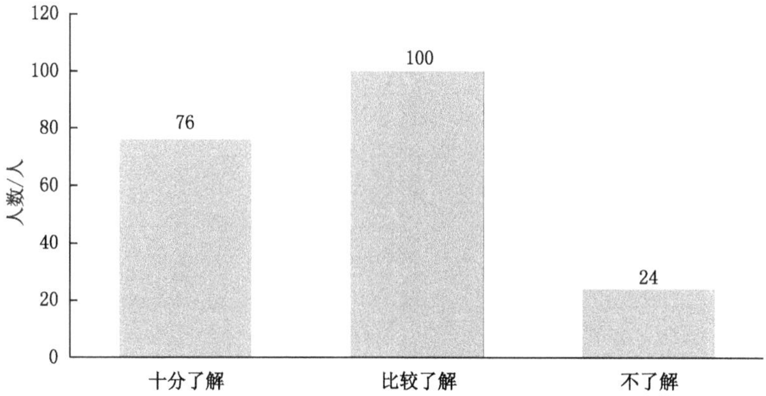

图 4.39　学生对校园路线了解情况分布

4. 校园交通路线合理性

图 4.40 显示，有 41 人（占 20.5%）认为校园交通线路布局非常合理，有 128 人（占 64%）认为校园交通线路布局比较合理，有 31 人（占 15.5%）认为校园交通线路布局不合理。根据调查数据可知大多数学生认为校园交通线路布局是合理的，小部分学生认为校园交通线路分布是不合理的。

4.4.3.4　影响校园交通安全的因素

1. 学生在校园行车道上和同学并排走情况

图 4.41 显示，有 91 人（占 45.5%）表示他们经常会在校园行车道上与同学并排行走，有 90 人（占 45%）表示他们偶尔会在校园行车道上和同学并排行走，有 19 人（占 9.5%）表示他们不会在校园行车道上和同学并排走。

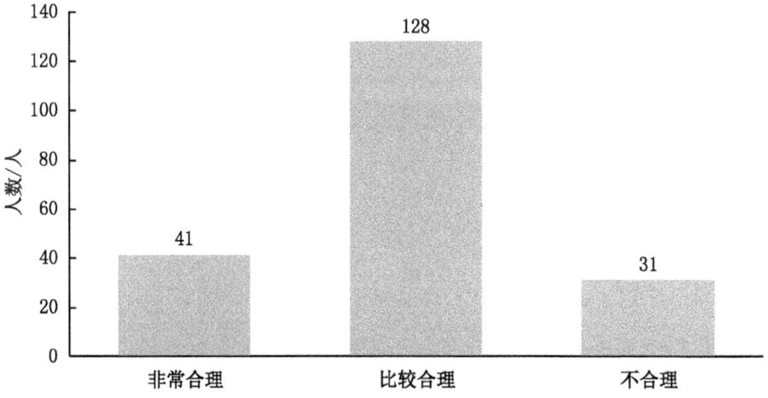

图 4.40 校园交通路线合理性分布

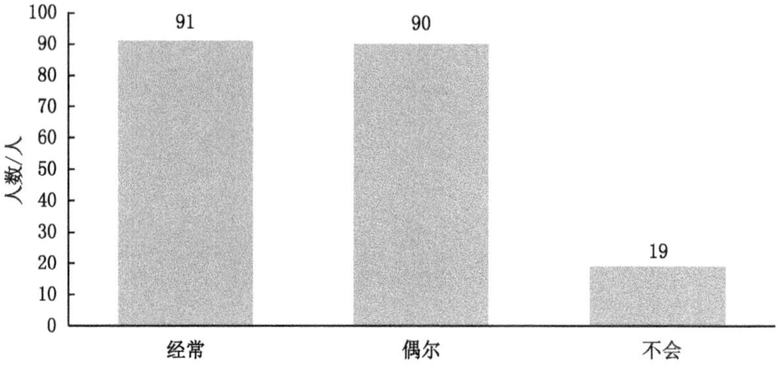

图 4.41 学生在校园行车道上和同学并排走情况分布

以上调查结果表明大部分学生交通意识淡薄，不能严格遵守校园交通安全规则，只有少部分学生能自觉遵守校园交通规则。这个调查结果值得反思。对于校园交通安全规则问题，学校应加大宣传教育力度，尤其应在行人如何正确地行走、如何安全过马路等方面加大宣传。学校应加强大学校园交通安全知识教育，提高学生的交通安全自我意识和出行时自我交通安全的防范意识。

2. 学生在校园内避让车辆情况

图 4.42 显示，有 135 人(占 67.5%)表示他们在校园内经常注意避让车辆，有 61 人(占 30.5%)表示他们在校园内偶尔避让车辆，有 4 人(占 2%)表示他们在校园内不会避让车辆。

以上调查结果表明大部分学生会遵守校园交通规则，注意避让车辆；少部分学生不会自觉遵守校园交通规则，校园内遇到车辆行驶也不会避让。这个调查

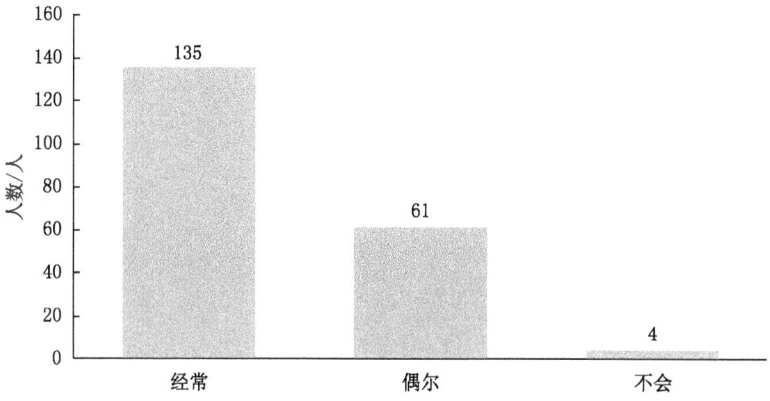

图 4.42　避让车辆情况分布

结果值得反思，在校园内车辆行驶与学生行走这一方面，学校要加大宣传教育力度，尤其在车辆如何规范行驶和行人如何正确行走方面应加大宣传，加强校园交通安全教育，提高学生的交通安全意识和出行时自我交通安全的防范意识。

3. 学生在校园内行走状况

图 4.43 显示，有 115 人（占 57.5%）表示他们在校园内行走的时候会看手机；有 96 人（占 48%）表示他们在校园内行走时会跟身边的同学打闹；有 75 人（占 37.5%）表示他们在校园内行走的时候会乱穿马路，不走斑马线；有 63 人（占 31.5%）表示他们在校园内行走的时候会听歌；有 56 人（占 28%）表示他们在校园内行走的时候不走人行道，而是走行车道；只有 25 人（占 12.5%）表示以上的不安全行为，他们在校园内行走的时候绝对不会做。

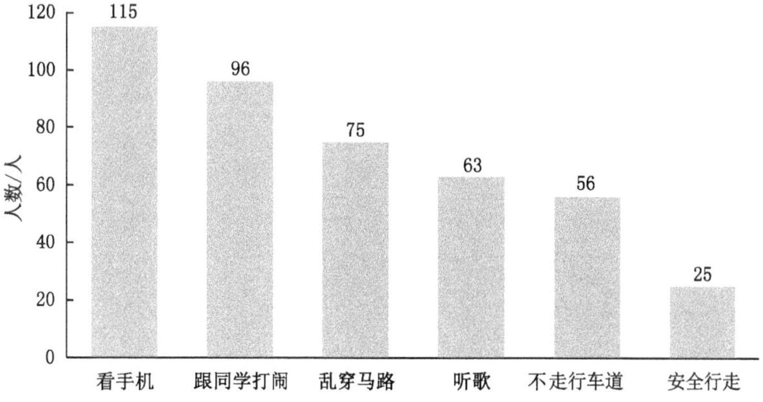

图 4.43　学生在校园内行走状况分布

以上调查结果表明大部分学生在校园内行走的时候会做出影响校园交通安全的行为，例如边走边看手机、跟身边的同学打闹、不走斑马线、乱穿马路、边走边听歌、不走人行道而走行车道等。学校应加大宣传交通安全教育的力度，尤其是在学生在校园内行走时的行为规范等方面应加大宣传力度，提高学生的交通安全意识和自我交通安全防范意识。

4. 学生校园内骑车状况

图 4.44 显示，有 125 人（占 62.5%）表示他们在校园内骑车的时候会载人，有 89 人（占 44.5%）表示他们在校园内骑车时会与同伴并车行驶，有 72 人（占 36%）表示他们在校园内骑车的时候会打电话，有 70 人（占 35%）表示他们在校园内骑车的时候会听歌，有 64 人（占 32%）表示他们在校园内骑车的时候会随意改变行车路线，只有 27 人（占 13.5%）表示他们在校园内骑车的时候绝对不会做以上不安全行为。

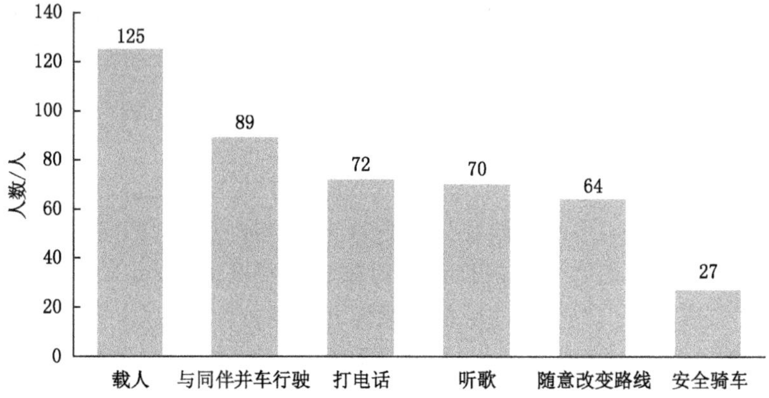

图 4.44　学生校园内骑车状况分布

以上调查结果表明，大部分学生在校园内骑车的时候会做出影响校园交通安全的行为，例如载人、与同伴并车行驶、打电话、听歌、随意改变行车路线等。这需要学校加大宣传交通安全教育的力度，尤其应在学生在校园内骑车时不该做影响自身安全和校园交通安全等不安全行为方面加大宣传力度，提高学生的交通安全意识和自我出行时的交通安全防范意识。

4.4.3.5　校园交通安全问题

1. 采用的交通方式

图 4.45 显示，有 105 人（占 52.5%）表示他们上学放学选择步行，有 60 人（占 30%）表示他们上学放学使用的交通工具是自行车，有 22 人（占 11%）表示

他们上学放学使用的交通工具是电动车，有 9 人（占 4.5%）表示他们上学放学使用的交通工具是校园公交车，有 4 人（占 2%）表示他们上学放学使用的交通工具是轮滑。

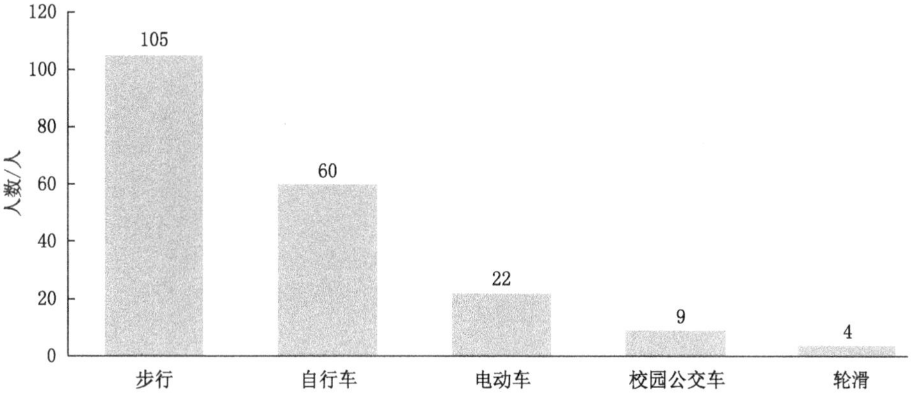

图 4.45　学生上学放学采用的交通方式分布

调查结果表明大多数学生上学放学都是步行去的，由于还有部分学生选择了其他交通工具，加上校园交通工具种类较多，学生上下课期间人流量大，因此学校需要规范交通工具的使用情况并规划出不同的交通工具行车路线，让使用不同交通工具的学生在各自交通工具的允许路线上行驶，避免因人车共用同一条交通路线而增加交通事故发生的可能性。

2. 校园道路存在的问题

图 4.46 显示，有 138 人（占 69%）表示校园的道路上存在的问题是无自行车道，有 114 人（占 57%）表示校园的道路上存在的问题是校内车辆数量多且种类多，有 108 人（占 54%）表示校园的道路上存在的问题是校园路口交通混乱，有 99 人（占 49.5%）表示校园的道路上存在的问题是车多路窄。

上述调查结果表明大多数学生认为校园道路存在的问题很多，需要学校改善校园的道路布局状况，增加自行车道，管理校园车多杂乱的问题。对于校园路口的交通混乱问题要安排相应的负责人去指挥校园路口交通，给学校营造一个安全、有序的校园交通环境。

3. 校园交通安全需要改进的情况

图 4.47 显示，有 163 人（占 81.5%）认为学校的交通安全问题还需要进一步改进，有 26 人（占 13%）对学校的交通安全问题是否需要进一步改进表示无所谓，有 11 人（占 5.5%）认为学校的交通安全问题不需要进一步改进。根据调查结果，学校应该对校园交通安全方面存在的风险隐患进一步进行整改。

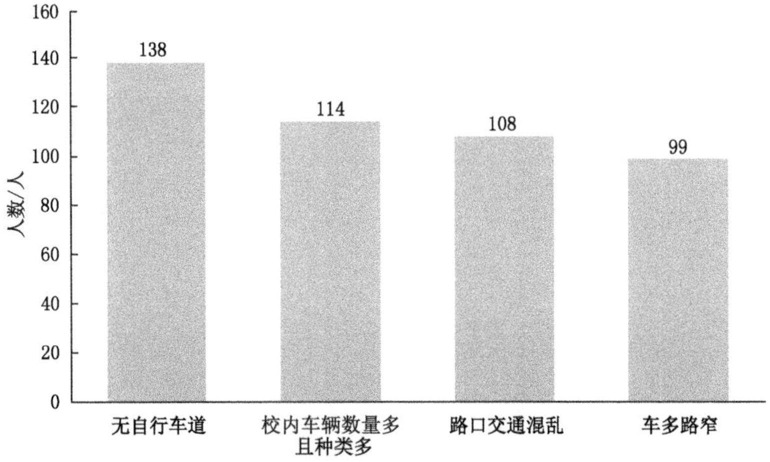

图 4.46 校园道路存在问题分布

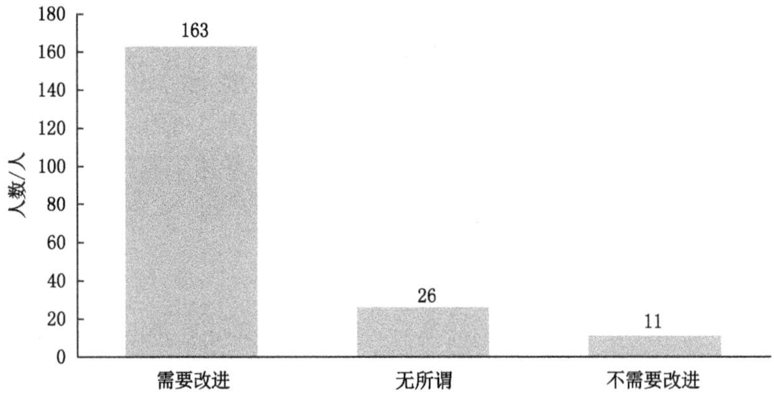

图 4.47 校园交通道路是否需要改进分布

4.4.3.6 统计结果分析

1. 人车混行

因为大学校园学生人数多并且人员密集，所以学生上下课期间是校园人流量的高峰期。由于大学校园的有些路段没有设置人行道，也没有明确的机动车道，即大多数的道路没有进行机动车道和人行道的明确划分。而且，上下课时段校园的主要路段大多数都是步行上下课的学生，有部分学生上下课使用的交通工具是自行车、电动车和校园公交车等，因此校园里人车混行的现象是难以避免的，容易发生交通事故。

2. 交通安全设施缺乏

大学校园占地面积较大，有些校园里很多道路都没有设置减速标志，没有对人车进行分流的护栏，没有对校园里有些道路视角不好的路口采取添加道路广角镜等交通安全设施。另外，学生上下课期间是人流高峰时段，要对校园主要路段采取车辆限制通行等管制措施。因此，为解决校园交通安全，校园的交通安全设施还需要进一步改善。

3. 车辆随意停放

随着人们生活水平的提高，大学老师拥有汽车数量在不断增加，老师开车上下班已经是普遍的现象。随着共享单车的实行，校园里也出现了共享单车，许多老师和学生为了上下课方便，将行驶的车辆随意停放在校园的道路上且这一现象较为普遍。有的学生图自己方便，将骑过的共享单车随意停放在路边。这些行为不仅会造成校园车辆停放混乱无序，而且会造成校园交通拥挤。

4. 道路狭窄

我国的很多大学发展历史都比较长，一般都已建校数十年甚至上百年。许多大学校园已有的道路设施往往很难满足学校的快速发展，很多校园道路较为狭窄。很多大学的校内道路建设没有考虑到交通需求，导致学生上下课期间校园道路拥堵。校园道路狭窄，在学生上下课期间，人车混行的过程中易发生碰撞，易导致交通事故发生。①

4.4.4 防范措施

4.4.4.1 校园交通安全方面

1. 交通安全主题班会教育

学校可以要求每个学院定期给该学院每个班级的学生开展交通安全主题班会教育活动。通过该活动告诉学生校园交通安全的知识，并通过交通安全主题班会告诉学生在校园道路上行走时玩手机、打电话、听歌、和同学嬉戏、并排行走、不走人行道等现象是错误的，是违反校园交通规则的不安全行为。这些行为不仅容易造成校园交通事故，还会威胁到自身安全。通过交通安全知识教育，可让学生知道无论是在校内还是在校外都要时刻严格遵守交通规则。② 对于主题班会，班长可以将因不遵守交通规则而导致发生交通事故的视频播放给学生观看，让学生知道一个小小的疏忽或者是侥幸心理，都可能要付出生命的代价，让

---

① 李伟.高校交通安全管理问题及对策[J].中国公共安全(学术版),2011(4):21-25.

② 郑丽敏.大学生出行安全研究[J].教育现代化,2016(10):199-201.

学生更加重视交通安全，珍惜生命。[①]

2. 交通安全知识竞赛活动

学校可以针对校园知识和安全意识定期面向学生开展交通安全知识竞赛活动。为了增强学生的交通安全意识，学校可以在全校范围内开展交通安全辩论会、交通知识竞赛等活动。鼓励学生积极参与，促进全校学生更加了解交通安全知识；同时学校可以为在竞赛中表现优秀的学生或团队颁发证书及奖品以进行鼓励，提高学生参加此类活动的积极性。

3. 交通安全宣传

学校可以通过收集校园交通事故的视频和图片，做成安全教学案例，在交通安全宣传日、学生安全课堂、学校的官网、贴吧、微博、微信公众号等社交平台进行交通安全宣传教育，提高全校师生的交通安全意识，提倡绿色安全的出行方式。

4.4.4.2 校园交通管理方面

1. 改善校园道路

随着大学校园车辆的增多，校园内现有的道路设施越来越不能满足车辆通行的需要。大学校园内的很多道路是弯路而且还较为狭窄，这给校园里的车辆行驶造成了较大困难。因此，改善校园道路，解决校园交通问题是必要的。要在校园现有道路的基础上优化校园交通道路布局，可以借助硬隔离或者软隔离来将人车分离，将人行道和机动车道分隔开；对校园里现有的道路进行规划，根据校园的交通情况对校园道路进行不同等级的划分。例如可根据校园现有的道路条件，将校园道路分为主道路、次道路、一般道路等不同的等级，[②]按照道路的不同等级划分来使用该道路的功能。学校还可以将校园里的道路分为机动车道和非机动车道，对校园道路设置各种行车标志线和标志牌，实现人车分流。

2. 校园机动车辆准入制度

学校要严格控制外来车辆进入校园，通过控制进入校园的车辆数量来缓解校园内的交通压力。除非特殊车辆(例如警车、救护车)，对于其他的外来车辆应严格控制。对于所有想要进入校园内的车辆都要经过学校保卫部的审核和批准，才能进入校园。[③] 学校的保卫处要专门制定车辆进入校园的车辆通行证；要负责做好对车辆通行证的审核及发放工作。和学校有工作来往的外来车辆，应在学校的保卫处登记身份信息，方可进入校门。[④] 保卫处要严格禁止无证车辆

---

① 孙泳.新形势下加强和改进高校校园交通管理的理性思考[J].科教文汇，2017(1)：148-149.

② 蔡桂珍.新时期高校校园文化建设研究[D].福州：福建师范大学，2013.

③ 林臻.机动化背景下我国大学校园交通的优化策略研究[D].上海：同济大学，2007.

④ 李凯.高校校园机动车静态交通规划与管理方法研究[D].西安：长安大学，2013.

进入校园。学校要在校园各个大门加强对进入校园车辆的检查工作,凡是不符合进入校园条件的车辆,一律禁止进入校园。这样可以有效减少校园的机动车数量,降低校园交通事故发生。

3. 机动车限速

学校要对在校园内行驶的车辆进行限速,应在校园的重要道路上设置减速和限速指示标志,可通过减速带来控制校园内车辆的行驶速度。因为校园里的拐弯路口和十字路口比较多,所以学校可以通过对校园主要道路的拐弯路口和十字路口设置红绿灯来维护校园交通秩序。学校还可以对校园转弯道路口和十字路口设置交通警示标志和减速带,通过这些设置来引起车辆行驶者和行人的注意,提醒其安全出行。加强大学校园的交通安全管理、维护校园交通安全秩序、保证校园交通安全是一项非常重要的工作,学校领导和各个职能部门都应高度重视。学校要对学生进行交通安全教育,增强学生的交通安全意识,同时还要改善大学校园的道路交通环境,加强校园内的交通安全管理,[①]营造一个文明、安全、有序的校园环境。

4. 合理停车

学校要对校园内车辆乱停乱放的行为进行整改,禁止在校园主要交通道路上出现停放车辆的现象。可对违反规定乱停放的车辆进行三天没收处理,并在全校内进行通报批评。[②] 对于屡次违反规定的车辆应禁止该车辆在校园内通行。学校还要对校园里的停车场进行划分。停车场可以分为自行车停车场、电动车停车场以及机动车停车场。为方便车辆停放和行驶,提高停车场利用率,校园的停车场可以设在宿舍楼、食堂、教学楼附近,自行车停车场和电动车停车场的位置最远不应超过 50 米,机动车停车场的位置可以离目的地稍远点,但不应该超过 200 米,否则会因为停车场的距离过远而出现车辆乱停乱放现象。[③]

附录 3 大学校园交通安全调查问卷

亲爱的同学:

你好!目前我们正在进行河南理工大学校园交通安全的调研,目的是全面了解河南理工大学校园交通安全情况,及时准确地了解同学们对校园交通安全的意见和建议,发现校园交通安全存在的不足,进一步改进和完善校园交通安全工作。本次调研采取不记名随机调研方式。对于你的个人信息我们会严格保密。你的意见对我们的调研非常宝贵,感谢你的支持!

---

① 陶盈. 大学校园交通事故的责任问题研究[J]. 太原大学学报,2013,14(3):54-58.

② 苗青. 高校停车场对外停车法律关系浅析[J]. 法制与社会,2016(31):241-242.

③ 李珍,郝运雷,乌爽. 高校应急期间校园停车模式[J]. 山西建筑,2012,38(5):19-20.

1. 你的性别是？[单选题]

○ 男生

○ 女生

2. 你是下列选项中哪一学习阶段的学生？[单选题]

○ 大一

○ 大二

○ 大三

○ 大四

○ 研究生

3. 你平时关心校园交通安全吗？[单选题]

○ 很关心

○ 比较关心

○ 不关心

4. 你上学放学采用的交通工具是？[单选题]

○ 校园公交车

○ 自行车

○ 步行

○ 轮滑

○ 电动车

5. 你认为上下课期间学校的交通状况如何？[单选题]

○ 非常拥堵

○ 比较拥堵

○ 非常畅通

6. 你在校园内见过小型交通事故吗？一般多久见到一次？[单选题]

○ 1 周 1 次

○ 1 个月 1 次

○ 1 学期 1 次

○ 1 学年 1 次

○ 没见过

7. 你是否了解校园交通线路布局？[单选题]

○ 十分了解

○ 比较了解

○ 不了解

8. 你认为校园交通路线布局是否合理？[单选题]

○ 非常合理

○ 比较合理

○ 不合理

9. 你会在校园行车道上和同学并排走吗?[单选题]

○ 经常

○ 偶尔

○ 不会

10. 平常在校园内你会不会注意避让车辆?[单选题]

○ 经常

○ 偶尔

○ 不会

11. 在校园内走路时,你有过下列哪些行为?[多选题]

□ 乱穿马路

□ 听歌

□ 跟同学打闹

□ 玩手机

□ 不走人行道

□ 以上事情都不会做

12. 在校园内骑车时,你有过下列哪些行为?[多选题]

□ 听歌

□ 载人

□ 随意改变行车路线

□ 打电话

□ 与同伴并车行驶

□ 都不会做

13. 你对交通安全知识了解吗?[单选题]

○ 非常清楚

○ 知道一点

○ 完全不知道

14. 学校举行过交通安全知识的宣传活动吗?[单选题]

○ 有

○ 没有

○ 不清楚

15. 你参加过学校组织的以交通安全为主题的活动吗?[单选题]

○ 积极参加

○ 很少参加

○ 没参加过

16. 你获取关于交通安全信息的主要渠道是什么？[多选题]

□ 校园宣传(横幅、海报、书本等)

□ 电视、报纸

□ 周围人告诫

□ 网络

□ 个人经验

□ 没有获取过

17. 学校多久进行一次交通安全教育？[单选题]

○ 每学期1～2次

○ 每学年1～2次

○ 没算过

18. 关于学校组织的交通安全教育，你的收获怎么样？[单选题]

○ 内容丰富，学到了非常多的知识

○ 内容枯燥，但还是有用

○ 没有任何收获

19. 你愿意参加哪些与交通安全意识相关的活动？[多选题]

□ 交通安全知识竞赛

□ 在学校宣传栏介绍相关知识

□ 利用课余时间参与交通安全意识的宣传活动

□ 其他

20. 你认为在交通安全的问题上，下列哪项作用最大？[单选题]

○ 自身的安全意识

○ 学校所教的相关知识

○ 父母和朋友的教导

○ 其他

21. 你认为提高大学生交通安全意识的有效途径有哪些？[多选题]

□ 加强宣传力度

□ 完善相关法律法规

□ 严格执法，加强惩罚力度

□ 完善校园道路与交通管理设施

□ 学生之间相关监督

□ 其他

22. 在校园交通安全上,你最担心的是?[多选题]

□ 车辆行驶快

□ 路上行人多

□ 路上车辆多

□ 行人在路上嬉闹

□ 车辆乱行驶

23. 你认为校园道路存在哪些问题?[多选题]

□ 车多路窄

□ 无自行车道

□ 校内车多且杂乱

□ 路口交通混乱

24. 你认为学校的交通安全状况还需要进一步改进吗?[单选题]

○ 需要

○ 无所谓

○ 不需要

4.5 本章小结

应急科普参与社会治理体系工作是应急科普的重要内容之一,应急科普最终要惠及民生,推动社会和谐发展。应急科普如何参与社会治理体系创新表现在多个方面,比如应急文化如何建设、公共场所应急科普教育如何推动、校园应急科普如何开展等。

(1) 基于应急科学与工程体系,本章提出了应急科学文化、应急技术文化、应急工程文化、应急产业文化及应急管理文化等五大分支文化体系;提出应急科普工作是应急文化体系建设着力点的观点;指出了应急科普工作包括的具体内容;提出了应急文化产业是激活应急文化体系建设的重要砝码,应急科普产业是应急文化产业突破的关键点等。

(2) 根据应急科学与工程知识体系,本章提出应急科普教育的本质是灾难求生教育,具体包括灾难求生的基础研究和知识传播两个方面。应急科普教育基础研究应从科学社会学和教育教学两个方面进行分析;应急科普教育传播途径研究应分线上和线下、实体和虚拟等方面的研究。通过对应急科普体验馆建设和应急(安全)产业园建设落地工程等进行系统分析,探索了应急科普教育内容如何直面实际这一问题。

(3) 从男女性别差异来着手研究校园内存在的安全事故隐患；通过风险损失清单法对校园中存在的各类风险进行分类罗列，在风险损失清单的基础上进行问卷设计；通过问卷调查，对河南理工大学学生的安全意识和风险识别与应对能力进行了分析和判断，最后从七个方面对校园安全管理工作提出了改进措施。

(4) 对大学生交通安全风险分析研究，可以减少和预防校园交通安全存在的风险，最大限度地减少校园交通事故的发生。具体措施包括：严格控制进入校园的车辆，限制校园内车辆的行驶速度，对校园内的交通道路进行人车分流，改善校园落后的交通基础设施，优化校园道路布局，加强学生的交通安全意识等。

第 5 章

结论与展望

应急科学与工程知识体系具有“顶天立地”的理念特征，作为应急科学与工程知识体系的重要组成部分，应急科普工作方兴未艾。应急科普工作既有应急科学基础研究的“顶天”特征，也有应急科学知识惠及民生的“立地”角色。本章针对应急科学与工程知识体系下应急科普工作的内容，即应急科学基础研究、应急科普知识传播及应急科普参与社会治理的初步探索工作进行了概括性归纳，从挑战与机遇两方面对未来我国应急科普工作进行了展望。

5.1 结论

(1) 分析了开展应急科普工作的现实背景：公众缺乏防范事故发生的应急科普知识，重大灾害应急科普工作应作为常态工作来开展，应急科普知识作为科学素养的重要组成部分非常缺乏，应急科普是应急科学研究成果转化的必然结果，应急科普参与社会治理的重要途径等。

(2) 提出应急管理人才属于应急科学人才结构中的一个层面。从应急管理教育发展历程的视角梳理了国内不同机构从不同角度开展应急管理教育的工作思路和工作经验，提出应急科学教育是应急管理教育内涵提升与发展的新阶段这一观点。从应急科学与工程知识体系视野，提出了新时期我国应急科普教育亟待开展和突破的现实命题。

(3) 在对国内外应急管理学科知识体系研究现状展开分析的基础上，采用STS教育理念，提炼了应急管理学科知识体系架构。

(4) 提出整合多学科中涉应急问题的应急科学与工程学科的建设问题，阐释了开展该学科建设的可行性及现实意义，综合设计了应急科学与工程学科知识体系及分支学科方向：应急科学、应急技术、应急工程、应急产业及应急管理等，给出了各个分支学科发展方向的初步探索性设计思路。

(5) 对国内外应急科学与工程教育发展历程进行了梳理与提炼，认为国外应急科学与工程的发展历程可分为三个阶段，每个阶段各有特征；国内应急科学与工程的发展历程可分为应急技术体系形成、应急科学技术体系相辅发展、应急科学技术与工程体系探索、应急管理体系蓬勃发展、应急科学与工程学科体系被提出与探索等五个阶段，每个阶段各有特征。

(6) 以中小学（小学、初中及高中）三个不同阶段的现实背景为出发点，探讨了中小学推广灾难求生科普的意义及其推广困境，指出了中小学灾难求生科普的内容以及传播策略等。

(7) 围绕高校现实背景，集中探讨了四个方面的问题：高校推广应急科普内容的基础、高校推广应急科普的困境、高校推广应急科普内容的难点和高校应急科普内容推广策略等。

(8) 对大量灾难事故案例进行统计分析，结合国内外应急场馆发展现状，依据应急科学与工程原理，探索性地提出了一种应急场馆体验功能训练设计方案。具体模块设计包括应急场馆的地震求生、台风求生等功能模块设计。应急场馆以情景式、体验式教学为主，口授式教学为辅，目的在于让体验者切实增强自身应急意识，掌握应急求生技能。

（9）设计了校园突发事件避难逃生及相关自救知识技能体系，主要包括政府层面的顶层应如何设计，应出台哪些政策，应设置哪些管理机构等；民间需要如何做，应成立哪些机构，如何运行操作；高等院校作为拥有教育资源的机构，自身角色该如何定位，如何与政府、民间相关组织协调好各自角色关系；该自救技能体系内容有哪些，如何归类；针对不同人群如何开展应急科普工作等。

（10）通过对小学生可能发生的安全事故类型的分析，基于复杂事件和最坏情景进行情景构建，通过列出主体事件、系列事件和三提问式应急要点梳理，利用情景构建、任务分解、履责路径描述的脚本设计方法形成小学生遇险求生场景脚本。

（11）界定了双盲应急演练的概念、特点及开展形式，设计了双盲应急演练模式设计架构：双盲应急演练规划、双盲应急演练准备、双盲应急演练实施、双盲应急演练评估与总结等四个阶段，并就每一阶段的具体要求进行了阐述并探讨了双盲应急演练设计的相关问题。

（12）基于现实灾难求生教育课程实践教学，提出了开展灾难求生科普沉浸式教育方法的观点，并对该方法具体实施过程展开了论述。

（13）基于应急科学与工程体系，提出了应急科学文化、应急技术文化、应急工程文化、应急产业文化及应急管理文化等五分支文化体系；提出应急科普工作是应急文化体系建设着力点的观点；指出了应急科普工作包括的具体内容；提出了应急文化产业是激活应急文化体系建设的重要砝码，应急科普产业是应急文化产业突破的关键点等。

（14）根据应急科学与工程知识体系，提出应急科普教育的本质是灾难求生教育，包括灾难求生基础研究和知识传播两个方面。应急科普教育基础研究应从科学社会学和教育教学两个方面进行分析；应急科普教育传播途径分线上和线下、实体和虚拟等方面的研究。通过应急科普体验馆建设和对应急（安全）产业园建设落地工程进行系统分析来探索应急科普教育内容如何直面实际这一问题。

（15）从男女性别差异来着手研究校园内存在的安全事故隐患；通过风险损失清单法对校园中存在的各类风险进行分类罗列，在风险损失清单的基础上进行问卷设计；通过问卷调查，对河南理工大学学生的安全意识和风险识别与应对能力进行了分析和判断，最后从七个方面对校园安全管理工作提出了改进措施。

（16）对大学生交通安全风险的分析研究，可以减少和预防校园交通安全存在的风险，最大限度地减少校园交通事故的发生。具体措施包括：严格控制进入校园的车辆，限制校园内车辆的行驶速度，对校园内的交通道路进行人车分流，改善校园落后的交通基础设施，优化校园道路布局，加强学生的交通安全意识等。

5.2 展望

(1) 在应急科学与工程知识体系视角下，如何进一步深入挖掘应急科普知识体系的内容并进行系统深入的科学研究工作，以实现应急科学基础研究与应急科学成果转化有机统一，是一项重要工作。

(2) 结合高新科技，如何实现应急科普知识有效、高效传播需要深入研究。其中，如何让公众认可、接受应急科普知识并转化成自身有效的应急能力是尤为重要的研究专题之一。

(3) 应急科普工作作为社会治理的重要组成部分，如何以更理想的工作方式切入社会治理工作中，需要后续深入开展研究。

(4) 应急科普产业体系包括哪些内容，如何推动并实现公益服务与经济效益双赢是一项需要深入思考的工作。